Secretos de la juventud para la mujer

250 consejos para borrar el paso de los años

RODALE

editado por las editoras de la revista *Prevention*

Aviso

Este libro sólo debe utilizarse como volumen de referencia, y no como manual de medicina. La información que se ofrece en el mismo tiene el objetivo de ayudarle a tomar decisiones con conocimiento de causa acerca de su salud. No pretende sustituir ningún tratamiento que su médico le haya indicado. Si sospecha que tiene algún problema de salud, lo exhortamos que busque ayuda de un médico competente.

Editor en jefe de Ediciones Prevención: Abel Delgado
Traducción: Granda International Interpreters y Claudia Reynaud Cesario
Asesora editorial: Tania Rodríguez
Diseñadora de la tapa e interior: Tanja Lipinski-Cole
Tipografía: JDV Typesetting, Reseda, CA
Corrección de estilo: Abel Delgado y Patricia Duarte-Bunch
Creación del índice de términos: Francine Cronshaw

Impreso en los Estados Unidos de América

ISBN: 978-0-7394-7522-5

Distribuido en las librerías por St. Martin's Press

LOS ASESORES MÉDICOS
DE EDICIONES PREVENCIÓN

El doctor Héctor Balcázar, Ph.D.
Profesor adjunto de nutrición comunitaria y salud pública del
Departamento de Recursos Familiares y Desarrollo Humano así como
catedrático adjunto del Centro Hispano de Investigación, ambos ubicados
en la Universidad Estatal de Arizona en Tempe, Arizona.

La doctora Hannia Campos, Ph.D.
Profesora auxiliar de nutrición de la Escuela de Salud Pública de la
Universidad Harvard en Boston, Massachusetts. Ella también es miembro
del comité planificador del Pirámide Dietético Latinoamericano y
profesora adjunta visitante del Instituto de Investigación de la Salud de la
Universidad de Costa Rica en Costa Rica.

El doctor en medicina Elmer Emilio Huerta
El director del Centro de Evaluación del Riesgo y Detección de Cáncer
(Cancer Risk Assessment and Screening Center) del Instituto de Cáncer de
la ciudad de Washington, D.C. El Dr. Huerta también es el presentador del
programa de radio *Cuidando Su Salud*, el cual es sindicado internacionalmente y tiene más de 10 millones de oyentes.

La doctora en medicina Jacqueline Salas
Profesora auxiliar de medicina en la Facultad de Medicina Albert Einstein
en Nueva York. Ella también es médico adscrito auxiliar de la sección de
diabetes de la División de Endocrinología y Metabolismo del Centro
Médico Mount Sinai en la ciudad de Nueva York.

iv

ÍNDICE

PRIMERA PARTE

LOS SOSPECHOSOS COMUNES: CÓMO ELIMINAR LOS PROBLEMAS TÍPICOS DEL ENVEJECIMIENTO

SEGUNDA PARTE

REJUVENECEDORES AL RESCATE: LAS MEJORES OPCIONES PARA RENOVARSE EN CUERPO Y ALMA

INTRODUCCIÓN

Quien hizo la ley, hizo la trampa

La naturaleza dicta que tenemos que envejecer, que los años van pasando y dejando su huella en nosotras. En un mundo donde reina la juventud, esto puede ser problemático, especialmente para la mujer. Si el hombre tiene canas, nuestra sociedad lo ve como distinguido. Si tiene arrugas, la sociedad lo ve como alguien con mucha experiencia y sabiduría. Si tiene panza, la sociedad lo ve como simpático. Pero todo cambia si es la mujer con las mismas señales del envejecimiento. Para la mujer, el envejecer y las percepciones de la sociedad implican muchas cosas negativas: dejar de sentirse atractiva, olvidarse del romance y cerrarse las puertas a las posibilidades del futuro.

Afortunadamente, no tiene que ser así. Por eso escribimos este libro.

Después de años de investigación y largas entrevistas con una gama amplia de expertos, entre ellos médicos, herbolarios, naturópatas, nutriólogos, consejeros y sicólogos, nuestro equipo de escritoras descubrió que no necesariamente nos toca perder al envejecer. De hecho, en muchos casos, envejecer es florecer. Todo depende de lo que hacemos y cómo vivimos.

Aunque a nosotras nos tomó mucho tiempo para obtener toda esta información, ni modo que será tan difícil para usted. Dividimos el libro en dos partes. En la Primera Parte, ofrecemos remedios para los diez problemas más comunes que son productos del envejecimiento. Aparte de brindarle opciones naturales como hierbas, alimentos y vitaminas, también tratamos los nuevos avances que nos ofrece la ciencia en cuanto a los productos químicos y la cirugía. Así, usted puede escoger lo que más le convenga. En la Segunda Parte, entramos en las estrategias esenciales para recuperar y mantener su juventud. Éstas abarcan tanto los recursos físicos, entre ellos los antioxidantes, los alimentos, el masaje y las vitaminas, como los recursos emocionales, entre ellos el optimismo, las metas y la autoestima. La Segunda Parte resultó ser la más larga porque los expertos todos dicen lo mismo: lucir y sentirse joven no es cuestión de aplicarse un remedio de una vez, sino de realizar pequeños cambios en su vida para que cada día esté rejuveneciéndose.

Lo mejor de todo es que tanto los remedios para problemas específicos como las pautas para detener el tiempo cada día son más fáciles de emplear de lo que usted se imagina. Por ejemplo, una mezcla de papaya (lechosa, fruta bomba) y piña, la cual se hace en cinco minutos con una licuadora (batidora), elimina las patas de gallo. Si consume tres vitaminas en particular, usted puede ayudar a prevenir el envejecimiento y también una plétora de enfermedades. Se puede despachar a las venas varicosas con una inyección y prevenirlas con alimentos y suplementos naturales.

Ponce de Leon se equivocó al buscar su mítica Fuente de la Juventud. No podemos contar con bañarnos en una fuente y salir como niñas de 15 años. El envejecimiento es inevitable. Pero como sucede con otras leyes, hay escapatorias que se pueden aprovechar para salirse con las suyas. En sus manos, usted tiene un libro lleno de más de 250 escapatorias. Úselas. Sálgase con la suya. Sea eternamente vibrante, atractiva y llena de vida. Usted lo merece.

—Las editoras de Ediciones Prevención

PRIMERA PARTE

Los sospechosos comunes
Cómo eliminar los problemas típicos del envejecimiento

ARRUGAS Y ESTRÍAS

Cómo liquidar esas malditas líneas

Probablemente no haya otra señal más obvia del envejecimiento como las arrugas. Para los hombres, igual como sucede con las canas, las arrugas en realidad no presentan mucho problema porque según la sociedad, los hace lucir más distinguidos. Por ejemplo, los actores Sean Connery y Harrison Ford siguen siendo los galanes de las películas a pesar de su edad y arrugas, y las revistas tales como *People* hasta los nombran entre los hombres más *sexy* del mundo. En cambio, la mujer con arrugas se le considera fea y vieja, y por seguro ninguna estrella femenina con arrugas aparece en portadas de revistas como la más *sexy*.

No obstante, aunque no tengamos remedios fáciles y prácticos para las actitudes de la sociedad, sí ofrecemos muchos para las arrugas. Tanto la medicina convencional como la natural brindan muchas opciones hoy en día para prevenir y eliminarlas.

A propósito de líneas no deseadas, también encontramos medidas para las estrías que, junto con el aumento de peso y la falta de descanso, son uno de los sacrificios que hacemos al tener hijos. Aunque nuestros expertos no nos han dado soluciones mágicas para que su bebé duerma la noche entera, por lo menos nos ofrecen algunas formas prácticas de prevenir las estrías. Por lo tanto, vamos a aprender a desvanecer, primero atacando a las arrugas y luego eludiendo a las estrías.

¿Cuáles son los causantes?

Los médicos dicen que las inevitables arrugas de origen genético y de la gravedad realmente no deberían llegar hasta que usted llegue a tener más o menos 60 años de edad. Pero las que llegan mucho más temprano, por ejemplo cuando tenga veintitantos o treintitantos años de edad, tienen tres causantes principales.

El primero es la gravedad, que, al no ser que nos mudemos a la luna, donde la fuerza de la graveded es mucho menos, no tiene remedio. El segundo es el sol, que causa arrugas tanto en personas con una tez pálida como con la tez oscura. El tercero es fumar, que libera enzimas que atacan los tejidos de su piel igual que los ablandadores para la carne debilitan las fibras de ésta.

Por lo tanto, los dos métodos principales de prevenir arrugas son protegerse del sol con una loción antisolar de espectro completo (la botella debe decir "*full-spectrum*") y no fumar. Los expertos recomiendan lociones que tengan un factor de protección solar (*SPF* por sus siglas en inglés) de por lo menos 15. Después de que usted se lave la cara por la mañana, déjela ligeramente húmeda y aplique gotitas del tamaño de un chícharo (arveja, guisante) de loción antisolar en sus mejillas y frente, frótela luego en toda la cara. Tambien debe frotársela en los dorsos de las manos, el cuello y el escote.

Además, los doctores recomiendan dormir boca arriba para evitar formar las arrugas causadas por dormir con la cara en la almohada.

Remedios naturales para las arrugas

Bien. Supongamos que ya esté empleando las medidas preventivas para evitar nuevas arrugas. Pero ¿qué puede hacer para las que ya tiene complicándole el cutis? No se preocupe. Hay muchas opciones naturales que pueden ayudarla a decir adiós a las arrugas.

Aplíquese ácidos. Los ácidos alfahidroxi (*alpha hydroxy acids* o *AHA* por sus siglas en inglés) provienen de plantas, frutas, y otros alimentos. Se venden sin receta en forma de cremas, lociones y gelatinas, y se utilizan para exfoliar las células muertas de piel que ha sido quemada por el sol. La aparición de piel nueva y la acción hidratante de los ácidos sobre las arrugas le proporcionan a la piel una apariencia más joven.

Póngase una preparación que contenga un 8 por ciento de ácidos alfahidroxi en la cara y cuello dos veces al día: por la mañana y por la tarde, recomienda la Dra. Lorrie J. Klein, una dermatóloga de Laguna Niguel, California. Para la delicada zona de alrededor de los ojos, utilice una crema para alrededor de los ojos sin fragancia que contenga un 5 por ciento de ácidos alfahidroxi.

Combátelas con la C. La vitamina C contribuye a la renovación del colágeno, lo cual ayuda a mantener la piel firme y tersa. Sin embargo, la exposición contínua a los rayos solares priva a la piel de su suministro de vitamina C justo cuando más la necesita, dice la doctora Lorraine Meisner, profesora de medicina preventiva en la Universidad de Wisconsin en Madison.

"Una de las razones para la aparición de las arrugas es que la falta de vitamina C le impide a la piel renovar el colágeno. La solución es untarse vitamina C tópica," explica la Dra. Meisner. "De esa forma la piel recibe la vitamina C desde el exterior."

Como los niveles de vitamina C en la piel se agotan diariamente, la vitamina C tópica debe aplicarse diariamente, acompañada por una loción antisolar antes de cada exposición al sol. Uno de los productos que contienen vitamina C tópica es *Cellex-C*, una solución de vitamina C al 10 por ciento que se vende sin receta.

Pruebe un *peel* herbario. Los *peels* botánicos para el cutis eliminan las capas superiores de piel muerta y con el tiempo pueden minimizar las arrugas al fomentar el crecimiento de piel nueva, dice la doctora Kathlyn Quatrochi, N.D., doctora naturopática y herbolaria de Oak Glen, California.

Consulte a su dermatólogo antes de intentar hacerse un *peel* del cutis. Si usted tiene lupus o capilares rotos, el *peel* del cutis podría empeorar la piel.

Para preparar su cutis antes de hacerse un *peel* herbario, limpie la piel con un limpiador no grasoso. Luego, usando los dedos, aplique la mezcla del *peel* en todo el cutis. Tenga cuidado de no aplicar la mezcla en los ojos ni en los labios. A continuación aparecen varios *peels* herbarios que puede probar.

Mezcla herbaria. En ¼ de taza de agua caliente, mezcle una cucharadita de cada una de las siguientes hierbas secas: perejil, manzanilla y escaramujos (*rosehips*). Deje en infusión durante 15 minutos o hasta que se haya enfriado.

Fruta machacada. Haga un puré de manzana y fresa.

Limón y agua. Mezcle partes iguales de jugo de limón y agua destilada. Este es un *peel* fuerte y es útil para las arrugas profundas. Después de dos semanas, usted puede utilizar dos partes de jugo de limón por cada parte de agua.

"Su cutis deberá sentirse un poco fruncido y quizá hasta sienta un ligero ardor en la piel", dice la doctora Quatrochi. Déjese el *peel* por un período de hasta cinco minutos, pero quíteselo antes si le empieza a arder demasiado, dice ella. Enjuáguese la cara y aplíquese un humectante que no esté hecho a base de petróleo.

"Utilice el *peel* tres veces por semana, hasta que esté satisfecha con los resultados", dice la doctora Quatrochi. "Dentro de tres meses, puede que usted vea una diferencia importante en su piel sin haber tenido que usar sustancias químicas sintéticas. Inclusive, es posible que las arrugas pequeñas se desvanezcan por completo, porque usted estará eliminando las capas exteriores de la piel donde se han formado estas arrugas."

Hágase un *peel* con papaya (fruta bomba, lechosa). Para las patas de gallo, según la experta en belleza Stephanie Tourles, cosmetóloga de Hyannis, Massachusetts, "todo lo que necesita es papaya y quizá un poco de jugo fresca de piña (anná)", dice Tourles. Al aflojar y remover las células viejas y arrugadas que se encuentran en la superficie de la piel, este *peel* sacará a relucir la piel subyacente de apariencia más fresca, tersa y tonificada.

Tome la papaya y haga ¼ de taza de pulpa machacada. Luego, apliquese la pulpa sobre la piel arrugada que rodea a los ojos e inclusive sobre toda la superficie del rostro y cuello. "Usted estará 'suavizando' su cara", dice Tourles. "Esto también es bueno para las pequeñas arrugas que se forman por encima de la línea del labio." Tenga cuidado de que la pulpa no entre en contacto con sus ojos. En este caso, enjuáguese de inmediato con agua fría abundante, recomienda Tourles.

Déjese la pulpa durante un período de 10 a 15 minutos, luego enjuáguese con agua tibia o caliente. Al igual que una crema con ácidos alfahidroxi, la pulpa de papaya probablemente hará que la piel le arda ligeramente, pero esto significa que está funcionando. "Si le empieza a doler, quítesela", advierte Tourles. Repita esto dos veces por semana. Tourles sugiere agregar a la pulpa de papaya una cucharadita de jugo fresco de piña, si está a la mano, para potenciar las propiedades de este *peel*.

Apliquese una mascarilla de barro después del *peel* de papaya. Para remover las células de la piel que ya ha aflojado con el *peel* de papaya, Tourles recomienda una mascarilla sencilla. Combine una cucharada de barro facial (disponible en las tiendas de productos naturales) con suficiente líquido hasta obtener una pasta uniforme. Utilice agua si tiene piel grasosa, leche para piel normal y crema para piel seca. Apliquese la pasta sobre la piel seca y permita que se seque por completo. Luego, enjuáguese suavemente la cara con agua tibia o caliente para remover la mascarilla.

Mejoría con dermatología

La medicina convencional, a través de medicamentos y cirugía, también ofrece muchas opciones para la mujer que desea eliminar las arrugas. Pero recuerde esto: "No es posible ir y que le hagan una cantidad ilimitada de cirugía plástica. Hágase lo menos posible para obtener la cantidad máxima posible de mejoras", aconseja el cirujano plástico, doctor Geoffrey Tobias, de la ciudad de Nueva York.

A continuación ofrecemos lo último en medidas antiarrugas de la medicina convencional.

Alíselas con *Retin-A*. La tretinoína que se venden bajo los nombres de marca *Retin-A*, *Renova* y *Retin-A Micro*, es un fármaco usado para el acné, pero ha ganado una reputación por ser efectivo para alisar las arrugas. Funciona particularmente bien para las arrugas finas causadas por años de exposición al sol. Sólo es disponible bajo receta médica. Normalmente se aplica una gota de crema del tamaño de un chícharo (arveja, guisante) a la cara y a los dorsos de las manos todas las noches. La tretinoína penetra las células dañadas del cutis y las estimula para que produzcan más colágeno, lo cual rellena las arrugas finas. "No elimina el daño severo, pero sí borra las arrugas finas", dice Edward Jeffes, M.D., profesor de dermatología en la Universidad de California en Irvine. Pero tenga paciencia: toma por lo menos seis meses para ver los beneficios completos de esta crema.

Quíteselas químicamente. El *peeling* químico puede ser un procedimiento relativamente sutil, dice la doctora Sorrel S. Resnik, profesora de dermatología de la Universidad de Miami. El dermatólogo limpia su rostro con acetona, un solvente fuerte para limpieza, y entonces aplica ácido a su cutis con un algodón. El cutis se vuelve blanco y arde brevemente mientras que la acetona penetra; entonces, un día o dos después, varias capas de cutis (y arrugas finas) se desprenden. Muchos doctores ofrecen una serie de tres a seis *peelings* de ácido leves con intervalos de varias semanas para obtener resultados que son un poco menos efectivos que un *peeling* medio o profundo. Con las series, usted tendrá menos molestia y una recuperación más rápida, la cual normalmente toma unos cuantos días. La seguridad y efectividad del ácido tricloroacético han sido comprobados a través de los años, y el ácido glicólico, que es menos penetrante, también es popular.

Los *peelings* muy profundos pueden ser peligrosos, dice la doctora Resnik, y por lo general se ofrecen sólo a las personas con la piel extremadamente curtida y áspera. La sustancia química usada más a menudo para los *peelings* profundos es el fenol, el cual puede causar problemas cardíacos o en el riñón. El fenol se debe aplicar en la sala de operaciones ya que requiere que se monitoree muy bien al corazón.

Pregunte acerca de los rellenos. Rellenar la piel debajo de una arruga es una alternativa al *peeling* de las arrugas desde la superficie, dice el doctor Gary Monheit, profesor auxiliar de dermatología de la Escuela de Medicina de la Universidad de Alabama. Los dermatólogos usan varias sustancias para rellenar las arrugas, pero la más conocida es el colágeno de los ganados. El doctor inyecta el colágeno en su arruga, y aparece un bulto debajo de la superficie de la piel. Cuando el bulto desaparece (en tan poco como seis horas), la arruga se habrá desaparecido.

¿Los problemas con el colágeno? Es temporal; los resultados duran de 4 a 15 meses, dice el doctor Monheit. Además, es posible que algunas personas sean alérgicas a esta forma de colágeno, así que los doctores primero deben hacer una prueba alérgica.

Si usted resulta ser alérgica al colágeno del ganado, pregunte acerca de un nuevo método llamado implante autógeno de tejido, dice el doctor Melvin L. Elson, director médico del Centro Dermatológico, en Nashville. Un parche de piel obtenido de otra parte de su cuerpo se manda a una empresa que procesa su propio colágeno de la piel. Esta empresa entonces devuelve a su doctor una jeringa llena del colágeno para una inyección.

Otro relleno de arrugas llamado *Fibrel*, el cual es poco común, puede durar hasta cinco años, dice el doctor Monheit. El *Fibrel* se inyecta debajo de la arruga. Su cuerpo reacciona al *Fibrel* fabricando su propio colágeno el cual, a su vez, llena la arruga. ¿Desventajas? Las inyecciones de *Fibrel* duelen más que las inyecciones de colágeno y el proceso toma más tiempo, dice el doctor Monheit.

Cómo evitar las estrías

La mayoría de las mujeres asocian a las estrías con el embarazo. Pero estas lesiones que parecen cicatrices también puede ser el resultado del aumento de peso o de ciertos ejercicios que agrandan los músculos, o de cualquier otra cosa que hace que el tejido elástico de la piel se estire y se desgarre. Las estrías también se han vinculado al uso de cremas de cortisona de alta potencia y otros medicamentos que contienen corticoesteroides, que provocan que la piel se haga más fina. Una vez que usted haya desarrollado celulitis o estrías, éstas se quedan con usted por el resto de su vida. Ésta es la mala noticia. La buena noticia es que existen ciertas medidas que puede adoptar para hacer que la celulitis o las estrías sean menos notorias, lo que la hará sentirse más cómoda y segura con respecto a su apariencia. Una noticia todavía mejor es que con una buena nutrición, el ejercicio cotidiano y otras estrategias de cuidado personal, es posible que usted nunca desarrolle celulitis o estrías en primer lugar.

Para las estrías, la mejor medicina es la prevención, ya que una vez que las tenga, no desaparecerán ni con toda la manteca de cacao, el aceite de oliva y el gel de vitamina E del mundo. Según la doctora Wilma F. Bergfeld, dermatóloga de la Fundación Clínica de Cleveland, algunas mujeres han probado con cierto éxito los medicamentos con tretinoína (*Retin-A*) que se recetan para el acné, así como otros productos que se venden sin receta que contienen los AHA que mencionamos anteriormente en la página 4, los cuales son el principio activo de la crema para piel reseca *Vaseline's Intensive Care Lotion for Dry Skin* y de la loción *St. Ives Alpha Hydroxy Renewal Lotion*.

Para evitar que le salgan estrías en primer lugar, siga estos consejos de los expertos.

Primero prevéngalas pensando en el peso. Manténgase en un peso saludable al tener una alimentación sana en la cual no más del 25 por ciento del total de calorías que consume al día provenga de la grasa. Además, haga ejercicio durante 30 minutos por un mínimo de tres veces por semana. El aumento de peso puede conducir a la formación de estrías, dice la doctora Diane Madlon-Kay, doctora familiar del Centro Médico St. Paul-Ramsey en St. Paul, Minnesota.

Si bien existen diversas fórmulas complejas para calcular el peso ideal, una fórmula sencilla que utilizan algunos expertos le puede indicar si usted está cerca de su propio peso ideal: si tiene 5 pies (1.52 m), usted debería pesar 100 libras (45 kg). Si usted mide más, agregue 5 libras (2 kg) por cada pulgada (2.5 cm) adicional de altura. Al resultado que obtenga, agréguele un 10 por ciento si es de constitución robusta, o réstele un 10 por ciento si es de constitución delgada.

Si usted está embarazada, siga las recomendaciones de su doctor en cuanto a un aumento de peso saludable. El aumento típico de peso durante el embarazo es de aproximadamente 2 a 4 libras (1 a 2 kg) durante el primer trimestre y alrededor de una libra (casi medio kilo) por semana durante el segundo y tercer trimestres. En sus propios estudios de investigación, la doctora Madlon-Kay ha encontrado que las mujeres que aumentan de peso conforme a las instrucciones de sus doctores tienden a presentar estrías con menor frecuencia. "Pero esta no es una verdad absoluta", agrega la doctora Madlon-Kay. "También es posible que les salgan estrías a algunas mujeres que sólo aumenten la cantidad apropiada de peso."

Siga adelante con los humectantes. Durante el embarazo, aplíquese un humectante sobre la piel del abdomen dos veces al día, recomienda la doctora Bergfeld. El tejido elástico de su piel se estirará más y se desgarrará menos si está humectado, explica ella.

Nota: La doctora Bergfeld le recuerda a las futuras madres que reduzcan su exposición a los medicamentos y compuestos químicos fuertes (lo cual incluye algunos medicamentos tópicos, como la trentoína) durante el embarazo y la lactancia. Debe ser selectiva al escoger lociones o cremas, tomando en cuenta que las más naturales generalmente son las más seguras.

Esquive las estrías con hierbas. Minimice o inclusive evite las estrías tomando medidas preventivas, sugiere Mary Bove, N.D doctora naturopática de la Clínica Naturopática de Brattleboro en Vermont. Prepare un "bálsamo para el vientre" mezclando 4 onzas (120 ml) de aceite de almendra o de una combinación de aceites de almendra y de oliva, con unas cuantas gotas de aceite esencial de lavanda (alhucema, espliego). También le puede agregar 1 onza (30 ml) o más de una infusión de caléndula en aceite, 1 onza (30 ml) o más de manteca de cacao o de aceite de coco, o unas cuantas cucharaditas de aceite de vitamina E. Puede adquirir todos estos productos en las tiendas de productos naturales.

"Desde el principio de su embarazo, úntese este bálsamo diariamente por todo el vientre, cubriendo toda el área desde la parte superior del hueso del pubis hasta la parte inferior del tórax", sugiere ella. "Los aceites y las hierbas mantendrán la flexibilidad de su piel y ayudarán a que se estire sin dejar estrías. Esto es especialmente bueno para las mujeres que van a ser madres por segunda vez que ya tienen estrías y que saben que es probable que les salgan más."

Según los expertos en hierbas, el aceite esencial de lavanda (alhucema, espliego) es calmante y antimicrobiano, mientras que la caléndula tiene propiedades que curan la piel.

CAMBIOS POR
LA MENOPAUSIA

Opciones para facilitar la transición

Su amiga la llamó el otro día y usted todavía no puede borrar la conversación de su mente.

"Últimamente he notado algunos cambios en mi cuerpo", dijo ella. "Y no puedo dejar de pensar si estoy empezando."

"¿Empezando qué?", le preguntó usted, media distraída por estar pensando en sus próximas vacaciones.

"La menopausia."

¡La menopausia! Eso sí la hizo prestar atención. Aquí estaba su mejor amiga, la que sólo tiene unos cuantos años más que usted, hablándole acerca de un tema de salud sobre el que usted no se imaginaba que debía preocuparse todavía. Desde luego, usted sabía que eventualmente le iba a suceder a las dos. Pero no ahora. No tan pronto. Ninguna de ustedes había llegado ni siquiera a los 50 años de edad. La menopausia es para su madre, su tía abuela. Es algo . . . para las mujeres más viejas.

¿Qué es la menopausia?

Literalmente hablando, la menopausia se refiere al último período menstrual de la mujer. Técnicamente, la mujer no debe haber menstruado por todo un año para ser menopáusica. La edad promedio para la menopausia en los Estados Unidos es 51 años, aunque las mujeres pueden tenerla antes. Aproximadamente un 1 por ciento de las mujeres experimentan la menopausia antes de llegar a los 40 años de edad.

En la menopausia natural, el último período de una mujer está antecedido de una cantidad de años durante los cuales ocurren otros cambios físicos, lo que se conoce como el climatérico o perimenopausia. Por lo general, comienza varios años antes de que la menstruación se suspenda, dice el doctor Brian Walsh, director de la Clínica de Menopausia de Brigham, Massachusetts. Durante esta temporada, las mujeres pueden experimentar una gama completa de cambios físicos, incluyendo sofocos (bochornos, calentones), sudores nocturnos, dificultad para dormir, sequedad vaginal, cambios en la piel, pérdida de cabello, cambios de estado de ánimo, depresión y aumento de peso. Los sofocos, que a menudo son los síntomas de mayor preocupación para las mujeres que se están acercando a la menopausia, afectan a aproximadamente el 75 al 85 por ciento de las mujeres posmenopáusicas.

Todos estos cambios y la pérdida de los períodos mismos están provocados por los niveles de disminución del estrógeno, una de las varias hormonas producidas por los ovarios. Cuando una mujer envejece, lo mismo le sucede a sus ovarios; se encogen de tamaño, dejan de expulsar óvulos y producen menos estrógeno.

Cómo sobrellevar los cambios

Si usted cree que está entrando en la menopausia, o si ya ha entrado en ella, véase a continuación algunas cosas que puede hacer.

Busque apoyo. "Lo más valioso es juntarse con otras mujeres", dice Joan Borton, consejera con licencia en salud mental de Rockport, Massachusetts. Al hablar con otras mujeres, ya sea individualmente o en grupos de apoyo, usted puede aprender sobre los síntomas y obtener información acerca de los doctores y otros profesionales médicos a quienes otras mujeres consultan. Además, puede enterarse de cuáles médicos les gustan y cuáles no, para así escoger un buén médico para usted. "El hablar con otras mujeres y compartir experiencias ayuda a la mujer a sentirse apoyada y no aislada", afirma Ellen Klutznick, Psy.D., sicóloga con una consulta privada en San Francisco, California. Una opción es unirse a un grupo de apoyo. Llame a su hospital local para informarse acerca de los grupos en su área. O hable con otras mujeres.

Encuentre un médico que la comprenda. La menopausia traerá consigo muchos cambios físicos y muchas preguntas, en particular acerca de la terapia de reposición de hormonas (*HRT* por sus siglas en inglés). La HRT se recomienda para ayudar a reemplazar el estrógeno faltante y para mantener a sus huesos fuertes. Sin embargo, también es problemática, principalmente porque puede aumentar su riesgo de ciertos cánceres. "La clave es tener un doctor que esté dispuesto a secundarla, o sea, uno que respete su decisión", afirma Borton. Pregunte a sus amigas acerca de sus doctores. Y no tenga temor de buscar hasta que encuentre un doctor que le agrade.

Manténgase lubricada. La reducción del estrógeno que la mujer experimenta con la menopausia puede causar sequedad vaginal. La elasticidad

EL TÉ DE ROSEMARY PARA LOS CAMBIOS REPENTINOS DE HUMOR

Las hierbas que contiene este té —la avena sativa, la hierba de pollito (pajarera, hierba riquera), la ortiga, la gayuba (*Arctostaphylos uva ursi*) y la barba (pelusa) de maíz— trabajan en conjunto para ayudar al cuerpo a eliminar el agua excedente, así como la irritabilidad y los cambios repentinos de humor que esto puede ocasionar, dice la herbolaria Rosemary Gladstar, directora del centro de educación herbaria Sage Mountain en East Barre, Vermont. La avena sativa es un diurético natural y la hierba de pollito es un remedio tradicional para los riñones. La gayuba y la ortiga son diuréticos bien conocidos y la barba de maíz es un diurético calmante.

Utilice hierbas secas de alta calidad para hacer este té. Búsquelas en las tiendas de productos naturales en su zona o consulte la lista de tiendas en la página 176. No utilice la gayuba durante el embarazo, dado que puede estimular el útero. El té se hace con:

1	parte de hierba de pollito
2	partes de ortiga
1	parte de avena sativa
1	parte de gayuba
2	partes de barba de maíz

Utilice de 4 a 6 cucharadas de la mezcla de hierbas por cada ¼ de galón (960 ml) de agua. Vierta el agua fría en una cacerola, luego agregue las hierbas y caliente gradualmente a fuego lento hasta que suelte hervor. Retire la cacerola inmediatamente de la lumbre y mantenga la cacerola bien tapada. Deje en infusión durante 20 minutos; luego cuele el té. Tome de 3 a 4 tazas de este té al día, sugiere Gladstar. (*Nota:* La cantidad de hierbas que constituye una parte varía mucho, pero puede probar usar ¼ de taza de hierba para representar una parte.)

y el tamaño de la vagina cambian, y las paredes se hacen más delgadas y pierden su capacidad de humedecerse. Esto puede hacer que las relaciones sexuales provoquen dolor e incluso se hagan indeseables, dice la doctora Klutznick. Las encuestas indican que esto sucede en el 8 al 25 por ciento de las mujeres postmenopáusicas.

La mujer puede permanecer lubricada al usar lubricantes vaginales solubles en agua como las jaleas *K-Y*, *Replens* y *Astroglide*, las cuales se pueden conseguir sin necesidad de receta médica, dice la doctora Klutznick. Evite los lubricantes de base aceitosa como la jalea de petróleo; los estudios indican que estos no se disuelven tan fácilmente en la vagina y por lo tanto pueden provocar infecciones vaginales. El HRT también puede ayudar a aliviar el problema, dice la doctora Klutznick.

Sobrellévelos con soya. Algunos expertos recomiendan que la mujer posmenopáusica debe comer muchos productos de soya, como tofu, *tempeh* y leche de soya. La soya contiene isoflavonas, que son formas más débiles del estrógeno derivadas de las plantas. Consuma de 30 a 50 miligramos de isoflavonas al día. Algunos estudios han demostrado que las mujeres que ingieren alrededor de ¼ de libra (116 g) de alimentos de soya al día —con lo que obtienen de 30 a 50 miligramos de isoflavonas— tienen una menor probabilidad de presentar los molestos síntomas de la menopausia, como por ejemplo los sofocos (bochornos, calentones) y la resequedad vaginal, dice James E. Williams, O.M.D., doctor de medicina oriental del Centro de Medicina para Mujeres en San Diego.

Consuma una cucharada al día de semillas de lino molidas. "Las semillas de lino (*flaxseed*) contienen lignanos, los cuales son compuestos vegetales que, al igual que las isoflavonas, tienen cierta actividad similar a la del estrógeno dentro del cuerpo", señala el doctor Williams. Algunos estudios han indicado que los lignanos parecen ofrecer cierta protección contra el cáncer de mama y otros cánceres dependientes de hormonas, agrega el doctor Williams. Además de usar las semillas de lino en las comidas horneadas, como el pan, intente espolvorearlas sobre alimentos cocidos, cereales y ensaladas.

Lo mejor que puede hacer es comprar semillas de lino frescas (las puede encontrar en las tiendas de productos naturales) y molerlas usted misma. Guárdelas en el refrigerador cuando no las esté usando, ya que tienden a arranciarse con bastante rapidez.

Supere los sudores con la salvia. La salvia es famosa por la manera en que reduce e inclusive elimina la sudación nocturna. Esta hierba actúa con rapidez y una sola taza de una infusión de salvia puede impedir la sudación durante un período de hasta dos días, dice Susun S. Weed, herbolaria en Woodstock, Nueva York. Es más, usted probablemente tiene un frasco de salvia por ahí olvidado en su especiero. Sólo verifique que todavía esté buena y que aún conserve su aroma antes de usarla para propósitos medicinales.

Para hacer una infusión de salvia, agregue cuatro cucharadas colmadas (copeteadas) de salvia seca a una taza de agua caliente. Cubra bien el recipiente y deje en infusión durante cuatro horas o más.

Controle el sofoco volcánico. En el caso de algunas mujeres, la menopausia aparece después de la extirpación quirúrgica de los ovarios o de tratamientos de quimioterapia o radiación que pueden destruir los ovarios, dice Weed. En estas mujeres, los sofocos (bochornos, calentones) pueden llegar a ser particularmente frecuentes e intensos, agrega ella. "Los sofocos volcánicos se comparan con los sofocos normales de la misma manera en que una marejada se compara con una ola normal", dice ella. Unas 25 a 30 gotas de tintura de agripalma (*motherwort*) pueden detener la oleada, sugiere ella. Y para el largo plazo, ella recomienda de 30 a 90 gotas de tintura de *chasteberry* (*Vitex agnuscastus*), tres veces al día, durante un período mínimo de 13 meses.

Neutralice los sofocos a lo natural. Gástese un poco más de dinero y cómprese sábanas 100 por ciento de algodón, almohadas de pluma de ganso u otras plumas y un colchón hecho con fibras naturales, como por ejemplo un futón, sugiere Weed. Y duerma en lencería 100 por ciento de algodón o seda, agrega ella. Esto se debe a que las sábanas hechas de una mezcla de poliéster y algodón, la ropa de cama de hule espuma y los camisones de nilón, fomentan los sofocos y la dejan sintiéndose húmeda y pegajosa, agrega Weed.

Trátese con tintura. "Cuando yo estaba pasando por la menopausia, encontré que cualquier cosa que hacía para fortalecer mi hígado me hacía sentir más contenta y saludable", dice Weed. "Recuerde que la menopausia nos inunda de hormonas y que el hígado es el órgano responsable de depurar estas hormonas de la sangre y de balancear la producción de hormonas." Según Weed, una de las mejores hierbas para el apoyo a largo plazo del hígado es el diente de león. Trate de hacer una tintura medicinal de vinagre con las hojas y/o la raíz del diente de león (dice Weed que sabe deliciosa) y utilícela a gusto en sus ensaladas y con verduras. Otra opción es tomar 30 gotas de la tintura de diente de león en ½ taza de agua antes de cada alimento, o 10 gotas en ½ taza de agua cuando le esté dando un sofoco.

CANAS

Conquístelas con color

Usted se baja de la cama, despacio se dirige al baño y prende la luz. Se inclina hacia el espejo para mirarse más de cerca.

¿Cuántas canas más habrán hoy?

Además de las arrugas y la piel colgante, pocas cosas señalan el "envejecimiento" en una mujer de una manera tan notable como las canas. Mientras que a algunas de nosotras nos encanta como nos vemos y las llevamos bien, a una gran cantidad de nosotras no nos gustan. Y hay una industria de muchos millones de dólares ahí lista para satisfacer nuestras necesidades y mantener nuestros colores verdaderos un secreto.

"Si se está volviendo canosa, yo le garantizo que usted no está muy feliz al respecto", dice Philip Kingsley, especialista en el cuidado del cabello de la ciudad de Nueva York. "Yo he atendido a miles de personas a través de los años, y ninguna desea tener canas. Esto realmente puede hacer que las personas se sientan viejas antes de tiempo."

Las raíces del problema

La mayoría de nosotras tenemos cerca de 100,000 cabellos en nuestras cabezas. Antes de hacernos canosas, cada uno de esos cabellos contiene el pigmento melanina, que da color a su cabello. Pero por razones que los doctores aún no entienden, las células pigmentarias cerca de la raíz de cada cabello comienzan a cerrarse al hacernos viejas. De esa manera, cuando un cabello rubio, castaño o rojo se cae, a menudo es reemplazado por uno que es gris.

En realidad, este cabello de color es reemplazado por un cabello blanco. Sólo luce gris en contraste con el cabello que todavía tiene color.

Si usted está buscando a alguien a quien culpar, empiece con papá, mamá, la tía Julieta o el bisabuelo Pedro. "Hay una relación hereditaria muy estrecha con el cabello canoso", dice la doctora Diana Bihova, profesora clínica auxiliar de dermatología en el Centro Médico de la Universidad de Nueva York, en la ciudad de Nueva York. "Si su familia se vuelve canosa prematuramente, es muy probable que a usted también le suceda."

Sea lo que sea, no lo atribuya al estrés. Jugando los papeles de mamá, jefa, cocinera, chofer y compañera amorosa, todos al mismo tiempo, no hará que su cabello se vuelva canoso, dice la doctora Bihova.

Para muchas de nosotras, es teñir o morir

Bueno, las canas vienen en camino, gústele o no. Eso la deja con dos opciones. Lo puede aceptar como una parte inevitable y hasta deseable del paso de tiempo. O las puede frenar por un tiempo al usar algún tipo de tinte para el cabello.

"Algunas personas llegan a sentirse muy cómodas con las canas", dice Kingsley. Lo más importante, dice él, es recordar que cuando se trata de "las canas, o el cabello en general, usted debe sentirse cómoda. Si la hace sentirse inteligente o digna, entonces está bien."

Aquí hay algunos consejos de expertos sobre cómo manejar esas canas.

Córtelas. Si usted decide quedarse canosa, Kingsley sugiere conservar su cabello corto. "Es realmente sencillo", dice Kingsley. "Si usted no quiere canas o no está segura al respecto, entonces los estilos cortos mostrarán menos las canas."

Tíñalo todo. Si prefiere probar los tintes comerciales, evite los tonos más oscuros que tienden a hacer que su cabello se vea apagado y poco natural. "Los colores negros realmente no funcionan muy bien", dice Kingsley. "Todo el cabello se tiñe exactamente del mismo color, y se puede ver enseguida que está teñido."

Existe también la posibilidad de que los tintes oscuros para el cabello puedan causar cáncer. Algunos estudios han vinculado el uso de tales tintes con un riesgo en el aumento de cáncer de los huesos y la linfoma.

¿Y la conclusión final? "No hay ninguna, todavía", dice Sheila Hoar Zahm, Ph.D., epidemióloga en el Instituto Nacional de Cáncer, en Rockville, Maryland. "El riesgo de contraer cáncer de un tinte para el cabello no es tan alto como contraer cáncer por fumar. Pero definitivamente necesitamos estudiar más la relación entre ambos."

Kingsley dice que usted debería tener cuidado con los tintes progresivos que prometen ir ocultando lentamente sus canas. Él piensa que estos productos pueden dar a su cabello un tinte poco natural y un color verde amarillento. También pueden resecar su cabello, haciéndolo quebradizo y difícil de manejar.

Y una vez que usted empieza a usarlos, es difícil cambiar a los tintes normales. "Estos pueden darle a su cabello toda clase de colores que usted nunca quisiera que su cabello tuviera", dice Kingsley.

Los tintes semipermanentes que se desaparecen al cabo de varias semanas al lavarlos ofrecen un color un poco mejor pero no son tan buenos como los tintes permanentes. Si usted quiere probar un camino lento a un cabello más oscuro, Kingsley sugiere que trate de usar tintes gradualmente más oscuros cada vez que se tiñe el cabello.

Resuelva con rayos. El aplicar rayitos (claritos, destellos), lo cual consiste de usar tinte en algunos cabellos diseminados por la cabeza, puede ocultar sutilmente algunas canas. Escoja un color que sea un par de tonos más claros que su color natural. Los tintes más claros también ayudan a evitar las raíces canosas desagradables. Cuando su cabello crezca, lo canoso no se verá tanto.

Opciones de la naturaleza

"Usted puede mantener un color de apariencia juvenil en su cabello sin utilizar tintes comerciales o champúes para teñir el cabello", dice Shatoiya de la Tour, herbolaria en Auburn, California.

Al igual que con los agentes comerciales para teñir el cabello, el método herbario que usted utilice dependerá del color original de su cabello, así como de los efectos que desee obtener. Si su cabello es parcialmente canoso (menos del 50 por ciento), todas las técnicas de tinte mencionadas a continuación le darán (con el tiempo y con el uso repetido), un tono oscuro a su cabello. Si su cabello es canoso en más de un 50 por ciento, el enjuague de nuez y ortiga le conferirá tonos más sutiles, mientras que el tratamiento con alheña (henna) rendirá en un color más intenso, dice de la Tour. "Tenga cuidado la primera vez que se pinte el cabello. Déjese la mezcla durante el período más breve posible para medir qué tanto color absorbe su cabello." A continuación le mostramos lo que le ofrece la naturaleza para su cabello canoso.

Lávelo con salvia o romero. Para oscurecer ligeramente el cabello castaño o negro en el que han comenzado a aparecer unas cuantas canas, enjuáguese el cabello con una taza de té concentrado de salvia o romero, sugiere de la Tour. "Haga el té usando dos cucharaditas o hasta una cucharada de la hierba seca en una taza de agua", dice ella. "Luego, déjelo enfriar, cuélelo y utilícelo como enjuague después del champú. No se enjuague el cabello después con agua. Después de usarlo varias veces, este té deberá oscurecer todo su cabello."

Intente con alheña (henna) y café. Cuando se aplica con ingenio, la alheña le puede impartir bellos tonos oscuros y rayitos dorados a su cabello, comenta de la Tour. Disponible en las tiendas de productos naturales en tonos que van desde el rojo al rubio y hasta el negro azabache, la alheña es un producto herbario hecho a base del polvo de las hojas de esta planta (en el caso de la alheña de colores rubio y rojo) o del polvo de índigo (en el caso de la alheña de color negro).

El tratamiento con alheña que recomienda de la Tour tarda hasta dos horas y le deja el cabello acondicionado y brillante. "Pero si no hace bien la mezcla, el resultado puede ser un cabello de color cobre o amarillento", dice ella. "Éste es el motivo por el cual yo le agrego café percolado en lugar de agua a mis fórmulas de alheña. Funciona de maravilla." Su combinación de café con alheña permite que esta técnica sea adecuada para la mujer cuyo cabello es canoso en más de un 50 por ciento, dice ella, porque les imparte rayitos de apariencia natural.

La cantidad de alheña que debe usar y el color que debe elegir dependen del tipo de cabello. Para obtener los resultados más satisfactorios, de la Tour ofrece las siguientes pautas.

- Utilice de 4 a 5 onzas (112 a 140 g) para cabello corto, de 5 a 6 onzas (140 a 168 g) para cabello mediano y de 7 a 8 onzas (196 a 224 g) para cabello largo.

- Si su cabello es oscuro, elija la alheña de color rojo. Para el cabello de color negro azabache, utilice la alheña de color negro. Si usted es pelirroja, mezcle una mitad de alheña de color rojo con otra mitad de alheña de color neutro. Para el cabello rubio, mezcle una mitad de alheña de color rubio y otra mitad de alheña de color neutro.

"Compre la alheña a granel en la tienda de productos naturales. Ésta es de mejor calidad que los tratamientos de alheña que ya vienen empacados, porque estos últimos contienen aditivos, mientras que la alheña a granel está hecha de pura hierba", dice de la Tour. A continuación le indicamos cómo aplicársela:

- Distribuya un poco de aceite de oliva en su cabello seco para humectarlo antes de aplicar la alheña, ya que ésta puede resecarle el cabello.

- Úntese vaselina que no esté hecha a base de petróleo (disponible en las tiendas de productos naturales) en la frente, el cuello y los oídos, para que la alheña no manche su piel.

- Póngase guantes de goma (hule) y prepare la alheña. Colóquela en un tazón (recipiente, bol) de vidrio, cerámica o acero inoxidable (no utilice un tazón de plástico, porque la alheña le dejará manchas) y agregue cantidades pequeñas de café percolado de concentración normal. Mezcle la alheña y el café usando una cuchara de madera o de plástico hasta que la mezcla tenga la consistencia de la mayonesa.

- Aplique la alheña a su cabello, distribuyéndola hasta las raíces. Enjuague el tazón con un poco de agua y vierta lentamente el líquido sobre su cabeza para ayudar a que se absorba mejor la alheña. Colóquese una toallita para la cara sobre la frente para evitar que el agua le entre a los ojos.

- Cubra su cabello con una bolsa de plástico del supermercado, dejando expuestos sus oídos. Límpiese cualquier excedente que haya quedado en su piel con una toalla o un trapo viejo.

- Espere de 45 minutos a 2 horas, luego enjuáguese el cabello con agua y déjelo secar al aire. La primera vez que utilice alheña, enjuáguese después de 45 minutos para ver cuánto color absorbió su cabello. Si desea obtener un tono más oscuro, déjese la mezcla durante más tiempo la próxima vez que se la aplique. "Al enjuagarse, usted no logrará quitarse toda la alheña", dice de la Tour. "Una vez que se haya secado su cabello, puede cepillarse para quitarse la alheña que le haya quedado. Mientras lo cepilla, la alheña se cae como si fuera polvo, entonces quizá sea una buena idea que se cepille el cabello fuera de su casa." Limpie de inmediato su lavamanos o bañadera (bañera, tina) para evitar que se manche.

- Después de un período de 24 horas, lávese el cabello con champú.

Recuerde que es posible que el color resultante sea muy brillante durante los tres primeros días, pero éste se irá desvaneciendo poco a poco a lo largo de los próximos tres meses. "Su cabello lucirá abundante, sedoso y brillante", dice de la Tour. "Este tratamiento recubre el cabello, de modo que su cabello también estará protegido contra los daños ocasionados por el sol y el viento."

CELULITIS

Estrategias para eliminarla

En la playa, usted envuelve la toalla de playa más grande que encuentra alrededor de sus caderas y muslos.

En el gimnasio, usa mallas oscuras de *Lycra* ajustadas al cuerpo debajo de sus *shorts* de gimnasia.

Y para una fiesta formal, usted se pone un vestido ceñido con una abertura al lado que sólo llega a su rodilla.

¿Qué está tratando de esconder? Sus muslos, por supuesto. O más bien, la celulitis que apareció por primera vez en ellos más o menos cuando usted cumplió 30 años de edad. Además de que se ve como si usted tuviera requesón borboteando bajo la piel (lo que algunos le llaman "piel de naranja"), la celulitis la hace sentirse vieja, fea y gorda, especialmente cuando está en una playa llenda de muchachas de 19 años en bikinis que muestran todo lo que Dios les dio.

Pero no se preocupe. Usted no es la única.

"El 99 por ciento de las mujeres desarrollan por lo menos un poco de grasa corporal con hoyuelos después de los 30 años de edad", explica el doctor Donald Robertson, director médico del Centro de Nutrición Bariatric, en Scottsdale, Arizona.

Parte del problema es la genética. Pero mucho de ello es simplemente debido al envejecimiento. En algún momento, cuando la mujer se encuentra entre los 30 y los 40 años de edad, una disminución natural en los niveles de estrógeno junto con el daño del sol acumulado a través de los años causa que la piel pierda su elasticidad, dice el doctor Ted Lockwood, profesor clínico auxiliar de cirugía plástica en la Universidad de Misuri en Kansas City. La piel cuelga un poco aquí, se abolsa un poco allá y generalmente ya no tiene la elasticidad firme de la juventud.

Al mismo tiempo, la red de apoyo de fibras que anclan la piel a los músculos subyacentes está también empezando a estirarse. Eso, combinado con las libras adicionales que todas nosotras aumentamos al envejecer —y las cuales por culpa de las hormonas terminan justamente en las caderas, muslos y asentaderas de las mujeres— lleva a la *celulitis*, una palabra elegante para describir lo que en realidad es grasa corporal y piel que ha perdido su elasticidad.

¿LE CONVIENE LA LIPOSUCCIÓN?

La forma más solicitada de cirugía cosmética es la liposucción, una técnica de aspiración que literalmente succiona células de grasa subcutáneas. Y el cambio es permanente. Como adulta, usted ya no puede hacer crecer nuevas células de grasa para remplazar las que se quitaron.

"La liposucción puede hacer milagros", dice el doctor Alan Matarasso, un cirujano plástico en la ciudad de Nueva York. "Pero no existe un procedimiento quirúrgico que pueda sustituir una dieta saludable, ejercicio y pérdida de peso."

Y la liposucción dista mucho de ser un plan de pérdida instantánea de peso. Funciona mejor en personas que tienen bolsas de grasa que permanecen a pesar de dieta y ejercicio. Además, después de la operación, tiene que mantener esos hábitos saludables. Si usted empieza a comer demasiado, esas calorías en exceso serán almacenadas en las células de grasa restantes en otra parte de su cuerpo, dice el doctor Matarasso.

Esta es la forma en que se realiza la operación. Mientras que usted esté sedada, un cirujano hace una pequeña incisión entre 6 y 12 pulgadas

No se haga de la vista gorda

Mientras que usted no puede evitar tener celulitis, usted no tiene que conservarla, porque la celulitis es grasa. Y al igual que otras formas de grasa, usted se puede deshacer de ella. Aquí está cómo hacerlo.

Trabaje para eliminarla. La mejor manera de reducir la celulitis —así como la grasa en cualquier otra parte de su cuerpo— es con actividad aeróbica que quema calorías a través de todo el cuerpo. La mejor actividad es la que eleve el ritmo cardíaco y lo mantenga elevado por 20 minutos continuos por lo menos tres veces por semana.

Correr, caminar, andar en bicicleta, patinar, bailar y nadar —todos los cuales atizan el metabolismo para que queme la grasa más eficientemente— son perfectos.

(15 a 30 cm) del área que se está tratando. Entonces, él inserta un tubo de metal con un extremo romo llamado cánula. Con movimientos enérgicos, él guía la cánula de un lado a otro debajo de la piel. La cánula está conectada a una máquina similar a una aspiradora que succiona hasta cuatro libras (dos kilos) de células de grasa, junto con sangre.

Después de la cirugía, en algunos casos a usted la visten con una ropa elástica, tipo faja, que debe usar de una a cuatro semanas para minimizar la hinchazón y mantener a su piel suave. En la mayoría de las pacientes, los moretones desaparecen en unas dos semanas y la hinchazón decrece completamente en unos seis meses. Los resultados continúan mejorando con el tiempo. Por lo general, usted puede regresar al trabajo después de reposar durante un fin de semana y puede iniciar sus actividades normales en 7 a 14 días.

¿Es usted una buena candidata para la liposucción? Es importante estar bien de salud, sin un sobrepeso significativo (aunque algunos cirujanos le darán más latitud que otros) y no tener más de 50 años de edad, para asegurar que su piel todavía esté flexible y elástica.

Solamente recuerde: si usted ha llevado una vida sedentaria, consulte al médico antes de empezar cualquier programa de ejercicios.

Levante pesas. Un buen ejercicio aeróbico le ayudará a dar tono a sus músculos. Pero hacer que se desarrollen por medio de entrenamiento con pesas también puede ayudar a esconder la piel con hoyuelos. "Hacer que sus músculos ganen en volumen puede mejorar las cosas un poco", dice el doctor Lockwood. "Pero no espere milagros." Pregúntele a un entrenador en su gimnasio si hay un programa que la pueda ayudar a usted.

Tonifique el extremo inferior de su cuerpo. Los ejercicios que tonifican sus muslos, caderas y la parte inferior de su trasero le darán una mejor apariencia a las áreas con hoyuelos, dice la doctora Diana Bihova, una dermatóloga de la Ciudad de Nueva York. Además, constituyen una manera excelente de ayudarle a bajar de peso. De hecho, el ejercicio funciona mejor que las dietas para mejorar la apariencia de sus muslos y trasero.

Ejercite la parte externa de sus muslos. Uno de los mejores ejercicios para tonificar la parte externa de sus muslos es la elevación de piernas, dice Janet Wallace, Ph.D., profesora adjunta de cinesiología de la Universidad de Indiana en Bloomington.

Para empezar, recuéstese en el piso sobre uno de sus costados, con las piernas rectas, una encima de la otra. Luego doble el codo que está sobre el piso y sostenga su cabeza con su mano. Coloque la otra mano sobre el piso en frente de su cintura. Ahora, manteniendo rectas ambas piernas y los dedos de sus pies apuntando hacia adelante, eleve la pierna superior desde la cadera hasta los dedos lo más alto que pueda, luego bájela de nuevo hacia el piso. Repita esta elevación 11 veces más, luego voltéese hacia el otro lado y haga 12 elevaciones más.

Trate de hacer las elevaciones de piernas tres veces por semana, agregando un par de elevaciones más cada vez que las haga, hasta que llegue a un máximo de 30 repeticiones de cada lado, dice la doctora Wallace.

Agregue ligas a su rutina de ejercicios. Cuando llegue al punto en que puede hacer 30 elevaciones de pierna al día sin esfuerzo alguno, compre una liga de resistencia en su tienda local de artículos deportivos, dice la doctora Wallace. Se asemeja a una liga de goma (hule) gigantesca y viene en varios colores.

Enlace la liga alrededor de cada uno de sus tobillos y realice su serie normal de elevaciones de pierna. La resistencia adicional hará que sus piernas trabajen más duro y le ayudará a tonificar sus músculos aún más.

Transfórmese el trasero. Acuéstese boca abajo sobre el piso, extienda sus brazos hacia los lados a la altura de los hombros, doble los codos y ponga las palmas de la mano sobre el piso, dice la doctora Wallace. Ahora, manteniendo recta su pierna derecha, trate de elevarla del piso, con el talón apuntando hacia arriba. Elévela lo más que pueda, luego bájela hacia el piso.

Repita esta elevación 11 veces más, luego repita el ejercicio con su pierna izquierda. Trate de hacer este ejercicio tres veces por semana, agregando un par de elevaciones más cada vez que las haga hasta que alcance un máximo de 30 elevaciones en cada pierna.

Bote la grasa de su dieta. Además de hacer ejercicio, tener una alimentación baja en grasas es la mejor manera de mantener a raya la celulitis. "Mucha de la celulitis viene por comer alimentos con alto contenido de grasa", dice Maria Simonson, Sc.D., Ph.D., directora de la Clínica de Salud, Peso y Estrés en las Instituciones Médicas Johns Hopkins, en Baltimore. "Así que mientras menos grasa haya en su dieta, menor será el problema que usted va a tener."

Trate de limitar su ingestión total de grasa a alrededor del 25 por ciento de sus calorías diarias, añade la doctora Simonson. Usted puede llevar un control de su consumo de grasa leyendo las etiquetas de los productos y alejándose de los alimentos con mucha grasa tales como pasteles, quesos, comidas fritas y carnes de fiambre procesadas como el jamón o la salchicha de boloña.

Camuflájela. Use una crema de broncearse para camuflar la celulitis. El color oscuro emparejará el tono de su piel y hará las sombras causadas por las masas de grasa bajo la piel menos aparentes.

ESTRÉS

La cura está en el control

U sted no logra descansar lo suficiente, y tampoco logra hacer lo suficiente. Y su estómago está siempre hecho un nudo.

"El estrés siempre le hará eso a usted", dice la doctora Leah J. Dickstein, profesora en la Universidad de Louisville, en Kentucky. "Realmente la puede desgastar. Y el verdadero problema es que usted está preparando el terreno para otros problemas más adelante."

Según Allen J. Elkin, Ph.D., director del Centro de Manejo y Orientación del Estrés, en la Ciudad de Nueva York, "el estrés acelera todo su sistema y produce condiciones en las personas jóvenes que están generalmente asociadas con el envejecer. Prácticamente no hay una parte de su cuerpo que pueda escaparse de los estragos del estrés."

Pautas para pararlo en seco

¿Cuál es la clave para vencer al estrés? Crear una sensación de control. Tenemos que entender que algo de estrés es inevitable. De hecho, un poco de estrés nos ayuda a terminar los deberes y a alcanzar las metas, dice la doctora Dickstein. Pero demasiado estrés de las fuentes equivocadas —como discusiones con el esposo, o expectativas poco realistas en el trabajo o en el hogar— puede hacernos sentir indefensas e incapaces de sobrellevar las situaciones. Y allí es donde principalmente sentimos el impacto negativo y los estragos resultantes del estrés.

Aquí hay algunos consejos para ayudarle a controlar el estrés.

Súdelo. Nada alivia más el estrés que el ejercicio, según David S. Holmes, Ph.D., profesor de sicología en la Universidad de Kansas, en Lawrence. "Las sesiones regulares de ejercicios aeróbicos reducen el estrés más efectivamente que la meditación, intervención siquiátrica, *biofeedback* y el manejo convencional del estrés", dice él.

El ejercicio ayuda a quemar todos las sustancias químicas relacionadas con el estrés en su sistema. Durante una sesión de ejercicio, su cuerpo también secretará endorfinas relajantes para la mente, dice el doctor Holmes. Y el ejercicio también hace más fuerte a su corazón, protegiéndola aún más contra los estragos del estrés.

Estírese. Para relajar sus músculos de pies a cabeza, acuéstese boca arriba sobre una colchoneta y estire todo su cuerpo. Comience con sus pies: ténselos y ponga los dedos en punta durante 10 segundos, luego aflójelos. Siga haciendo esto, recorriendo cada parte de su cuerpo hasta la cabeza, tensando y relajando sus muslos, trasero, músculos abdominales, espalda, hombros, brazos, manos, cuello y cara. Cuando termine, su cuerpo deberá sentirse relajado y su mente deberá estar tranquila.

Póngase a escribir. Escribir sobre sus frustraciones le ayuda a desahogarse sin tener que revelarle sus sentimientos a otra persona, dicen los sicólogos. Cada noche, tómese unos cuantos minutos para anotar cualquier cosa que le esté molestando. Sea sincera. No se fije en la gramática y no censure sus palabras. El propósito de este ejercicio es ayudarle a enfrentar y resolver sus sentimientos, no la creación de un clásico de la literatura. Por sobre todas las cosas, no le muestre su diario a nadie.

No se pase de lista. Tantos proyectos y tan poco tiempo. Para vencer al estrés, usted tiene que aprender a dar prioridad, según Lee Reinert, Ph.D., director y conferencista para el Centro Bioconductista Brandywine, un centro de orientación en Downingtown, Pensilvania. Al empezar cada día, escoja la tarea más importante que se debe completar, y entonces termínela. Si usted es una persona que hace listas de cosas para hacer, nunca escriba una con más de cinco puntos. De esa manera, usted tendrá mayor probabilidad de terminar todas las cosas, y sentirá una sensación de logro y control, dice el doctor Reinert. Luego usted puede preparar una segunda lista con cinco puntos más. Además, haga una lista de las cosas que puede delegar a los compañeros de trabajo y miembros de la familia. "Recuerde: no tiene que hacer todo usted misma", dice el doctor Reinert. "Usted puede encontrar ayuda y apoyo en las personas que están a su alrededor."

Simplemente diga que no. Algunas veces usted tiene que aprender a poner un límite. "Muchas veces las personas estresadas no saben imponerse", dice Joan Lerner, Ph.D., una sicóloga de orientación en el Servicio de Orientación de la Universidad de Pensilvania, en Filadelfia. "Y por lo tanto se tragan las cosas. En lugar de decir 'no quiero hacer eso' o 'necesito que me ayuden', lo hacen todo ellas mismas. Entonces, tienen aún más trabajo que hacer."

Dele a escoger a su jefe. "Diga, 'me gustaría hacer eso, pero no puedo hacerlo a menos que deje de hacer alguna otra cosa. Por lo tanto, ¿cuál de estas dos cosas quisiera usted que yo hiciera?'", sugiere Merrill Douglass, D.B.A., presidente del Time Management Center, en Marietta,

EL *TEST* DEL ESTRÉS

Recuerde: el estrés viene de adentro. Sus actitudes acerca de la vida tienen mucho que ver con cuánto estrés siente usted. Este examen, creado por el doctor Robert S. Eliot y Denis L. Breo, mide su nivel total de estrés. Lea cada declaración y entonces anótese un punto si usted casi nunca se siente de esa manera, dos puntos si usted ocasionalmente se siente de esa manera, tres puntos si usted frecuentemente se siente de esa manera y cuatro puntos si usted siempre se siente de esa manera.

1. Las cosas tienen que ser perfectas.
2. Debo hacerlo yo misma.
3. Me siento más aislada de mi familia y amistades cercanas.
4. Siento que la gente debería escuchar mejor.
5. Mi vida me está controlando.
6. No debo fracasar.
7. No puedo decir que no a nuevas exigencias sin sentirme culpable.
8. Necesito generar entusiasmo constantemente para evitar el aburrimiento.
9. Siento una falta de intimidad con las personas a mi alrededor.
10. No soy capaz de relajarme.
11. Soy incapaz de reírme de una broma sobre mi persona.
12. Evito decir lo que pienso.

Georgia, una compañía que entrena a los individuos y a las corporaciones en el uso del tiempo y la energía. La mayoría de los jefes pueden entender la insinuación, dice el doctor Douglass. La misma estrategia funciona en la casa, con su esposo, los niños, parientes y amistades. Si a usted le cuesta trabajo decir que no, empiece con algo pequeño. Dígale a su marido que se prepare su propio sándwich. O dígale a su hija que encuentre a otra persona que la traiga a la casa después de la práctica de fútbol.

Remójese en su bañera. ¿Quiere realmente relajar sus músculos? Remójese en una bañera (bañadera, tina) caliente. Para obtener la mayor relajación de un baño caliente, remójese por 15 minutos en agua que está unos cuantos grados más caliente que la temperatura de su cuerpo, o entre 100°F y 101°F (37.7°C a 38.3°C). Pero tenga cuidado, los remojos pro-

13. Me siento bajo presión de triunfar todo el tiempo.
14. Automáticamente expreso actitudes negativas.
15. Me parece que estoy más atrasada al final del día que cuando comencé.
16. Se me olvidan los plazos, las citas y las pertenencias personales.
17. Soy irritable y estoy desilusionada de las personas a mi alrededor.
18. No parece valer la pena hacer el amor.
19. Me considero explotada.
20. Me despierto temprano y no puedo dormir.
21. Me siento intranquila.
22. Me siento insatisfecha con mi vida personal.
23. Me siento insatisfecha con mi vida profesional.
24. No estoy donde quiero estar en la vida.
25. Evito estar sola.
26. Tengo dificultad para dormirme.
27. Tengo dificultad para despertarme.
28. No me siento con ganas de salir de la cama.

Sume sus puntos. Si su puntuación es de 29 o menos, usted muestra poco estrés. Los totales de 30 a 58 indican que usted tiene estrés ligero. Si su puntuación es entre 59 y 87, usted tiene estrés moderado. Si está arriba de 87, usted puede estar bajo muchísimo estrés.

longados en agua caliente pueden en realidad hacer bajar demasiado su presión arterial.

Opciones de la farmacia natural

Si le interesa la medicina herbaria, le conviene saber que la naturaleza nos brinda dos tipos diferentes de hierbas —los adaptógenos y las nervinas— que le ayudan al cuerpo a sobrellevar el estrés, dice David Hoffman, herbolario y profesor auxiliar de estudios integrales en Santa Rosa, California.

En lo fundamental, un adaptógeno le ayuda al cuerpo a adaptarse a las presiones externas que pueden conducir a la enfermedad. "Las hierbas adaptogénicas le ayudan al cuerpo a lidiar con el estrés, apoyando a las glándulas suprarrenales. Esto parece aumentar la capacidad del cuerpo de resistir los daños asociados con el estrés", dice Hoffman.

El concepto de las hierbas adaptogénicas es un legado de la tradición médica oriental, particularmente de la medicina tradicional china, que pone hincapié en la prevención de las enfermedades, dice Hoffman. Como tal, las hierbas adaptogénicas no son antídotos para el estrés que se deben tomar después de discutir con un adolescente sobre la hora en que llegó a casa. En cambio, se utilizan como tónicos que, con el tiempo, le ayudan al cuerpo a normalizarse, dice él. "Debido a que las hierbas adaptogénicas actúan sobre las glándulas suprarrenales y no alteran la química del cerebro, hay poca probabilidad de que produzcan dependencia."

Según Hoffman, algunas de las hierbas que son más útiles para lidiar con el estrés son algunas hierbas que son bastante populares, como el *ginseng* y el *ginseng* siberiano, así como otras hierbas más exóticas, como la *ashwaganda*, el *shiitake* (*Lentinus edodes*) y la esquizandra.

Ponga al *ginseng* a trabajar. De todos los adaptógenos mencionados, el que más recomienda Hoffman es el *ginseng* siberiano. Él dice que la dosis usual es de ½ a ¾ de cucharadita de tintura, tres veces al día. Él recomienda tomar la hierba diariamente durante seis semanas y luego, suspenderla durante dos semanas. Usted puede repetir este régimen por el tiempo que sea necesario, dice Hoffman.

Relájese con tónicos para los nervios

La segunda categoría de hierbas que nos ayudan a combatir el estrés son las que apropiadamente se llaman nervinas. Estas hierbas afectan al sistema nervioso en cualquiera de tres formas, dice Hoffman. Así pues, las nervinas pueden relajarla, estimularla o nutrir a los nervios dañados. Las nervinas que, en la opinión de Hoffman, son las más útiles para lidiar con el estrés, también son de tres tipos: las hierbas ligeramente relajantes, donde se destacan el toronjil (melisa), la manzanilla y la lavanda (alhucema, espliego); las hierbas un poco más fuertes, tales como la damiana (*Turnera diffusa*), la escutolaria (scullcap) y el corazoncillo (hipérico); y las hierbas altamente relajantes, como por ejemplo, la valeriana, la pasionaria (pasiflora, pasiflorina, hierba de la paloma), el lúpulo (*Humulus lupulus*) y la amapola de California (*Eschscholzia californica*).

Las fórmulas siguientes, que abarcan todos los efectos de las nervinas, pueden hacer mucho por ayudar a amortiguar los efectos del estrés.

Pruebe esta suave combinación antiestrés. Para lidiar con el estrés básico, Hoffman recomienda esta suave combinación herbaria, hecha a base de tinturas de hierbas. La fórmula contiene dos partes de escutolaria, dos partes de valeriana y una parte de avena. Tómese una cucharadita de la tintura diluida en un poco de agua cada vez que sienta que el estrés la esté venciendo, recomienda él.

Prepárese una supertintura contra el estrés. Si usted se encuentra lidiando con una situación seriamente estresante que le provoque indigestión y palpitaciones, pruebe una mezcla de tinturas con dos partes de escutolaria, dos partes de valeriana, una parte de agripalma (*motherwort*), una parte de manzanilla y una parte de artemisa (altamisa, ajenja), sugiere Hoffman.

La agripalma le ayuda a relajarse y a disminuir las palpitaciones, mientras que la manzanilla le ayuda a mejorar su digestión, señala Hoffman. Tómese una cucharadita de esta tintura según sea necesario, recomienda él.

Nota: Todas estas tinturas se pueden comprar en las tiendas de productos naturales. Aunque la cantidad de tintura que constituye una "parte" varía mucho, usted puede probar usar una cucharadita de tintura para representar una parte.

Si desea ahorrarse un poco de dinero, puede preparar sus propias tinturas en casa. Simplemente compre 1 onza (28 g) de hierba seca y una botella de vodka. Coloque la hierba en un frasco con tapa, preferiblemente uno que sea de color ámbar. Cubra la hierba seca con suficiente vodka para que el nivel del líquido esté por lo menos dos o tres pulgadas por encima del nivel de la hierba. Cierre el frasco bien y péguele una etiqueta con el nombre de la hierba y la fecha. Entonces guarde el frasco por seis semanas en un lugar oscuro y fresco donde los niños no lo puedan encontrar.

El alcohol de la vodka extraerá el poder medicinal de la hierba durante las seis semanas. Quizás note que la tintura cambie de color. Eso es normal, no se preocupe. Agite el frasco cada pocos días y asegúrese de que tenga suficiente líquido. Si nota que el nivel de la vodka ha bajado, agregue más para que esté al mismo nivel que cuando guardó el frasco inicialmente. Después de las seis semanas, cuele la mezcla y guarde el líquido resultante. Las tinturas son muy concentradas. Por lo tanto, la dosis típica debe ser unas cuantas gotas o al máximo una o dos cucharaditas.

Si desea, usted podría comprar una onza de cada de las hierbas recomendadas por Hoffman y preparar tinturas de cada una para cuando las necesite en el futuro.

FATIGA

Consejos para cargarse las pilas

Usted se levanta en cuanto amanece. Hace el desayuno. Alista a los niños para irse a la escuela. Sale corriendo para el trabajo donde anda de aquí para allá como una loca durante nueve o diez horas. Vuela a la casa para improvisar una comida para los muertos de hambre. Lava los platos. Ayuda a los chicos con sus tareas. Echa una tanda de ropa en la lavadora. Y por ahí alrededor de la medianoche, cuando ya no puede moverse más, se va cojeando por el pasillo y se derrumba en la cama hasta que la alarma del reloj suena y la diversión comienza de nuevo.

¿Es de extrañarse que esa energía necesaria para saltar de la cama y echarse a andar se quedó entre las sábanas?

La fatiga es una de las diez quejas que los doctores escuchan más de las mujeres. ¿Y, por qué no? Nosotras llenamos nuestros días hasta el tope. Y eso deja nuestras baterías totalmente descargadas.

Por lo general es algo que podemos controlar, y no tenemos problema en recuperarnos rápidamente. Pero en otras ocasiones, una sensación abrumadora de fatiga se nos puede acercar sigilosamente y tomarnos por sorpresa. Nos sentimos débiles. Nuestros cuerpos duelen. Nuestras caras se ponen mustias. Nuestros espíritus decaen. Y antes de que nos demos cuenta, nos hemos transformado de activas y vigorosas amantes de la vida en zombis acabadas y rendidas que se sienten como si tuvieran 100 años de edad.

"El mayor impacto de la fatiga es en la función y actividad humana", dice el doctor y teniente coronel Kurt Kroenke, profesor adjunto de medicina en la Universidad de Servicios Uniformados de las Ciencias de la Salud, en Bethesda, Maryland, y un experto en fatiga. "Cuando usted ya no tiene la fuerza o la energía para moverse, aún las tareas simples se vuelven difíciles. Usted se vuelve sedentaria, su productividad decae, su motivación sufre. Para algunas, este cansancio persistente puede ser tan debilitante que ni siquiera pueden levantarse de la cama."

La fatiga también puede afectar la mente, asienten los expertos. Pensar se vuelve difícil y confuso. Las decisiones tardan en alcanzarse. Incluso su actitud ante la vida se vuelve sombría.

El resultado es que la fatiga puede conducir a un desempeño pobre en el trabajo, menos interacción con las amistades y familiares y menos participación en los deportes y las actividades que a usted le gustan.

Esta es una mala noticia si usted está acostumbrada a ser una mujer activa. Pero la buena noticia es que con un poco de investigación, usted puede casi siempre llegar a la raíz del problema y recuperar su energía y vitalidad.

¿Qué la tiene exhausta?

La mayor parte de la fatiga se debe a demasiado trabajo, demasiado estrés, demasiado peso, demasiada comida basura (chatarra) y muy poco ejercicio, dicen los doctores.

"La mayoría de nosotros vivimos y trabajamos en ambientes apresurados y llenos de presión", explica Ralph LaForge, un fisiólogo de ejercicio e instructor de promoción de la salud y ciencia del ejercicio en la Universidad de California, en San Diego. "Mucha de la fatiga que la gente experimenta realmente se debe a la incapacidad de ir a su propio paso, de distribuir en forma eficiente su volumen de trabajo o de poner orden en el caos a su alrededor."

La fatiga también es a menudo una señal de que usted no está comiendo correctamente, dice Peter Miller, Ph.D., director ejecutivo del Instituto de Salud de Hilton Head, una clínica en Hilton Head, Carolina del Sur. "Piense en su cuerpo como si fuera un carro y los alimentos fueran combustible", dice el doctor Peter Miller. "Cuando usted es joven, puede poner casi cualquier clase de gasolina en su tanque. Pero al envejecer, el cuerpo tiene dificultades para funcionar con esa gasolina de bajo octanaje. Por lo tanto, usted necesita llenar su tanque con un combustible de alta calidad y en las cantidades apropiadas."

Su nivel de actividad también tiene un efecto directo sobre si usted se siente fatigada o no, dice LaForge. La falta de ejercicio puede fácilmente crear un patrón de inactividad que es difícil romper. "Un cuerpo en descanso tiende a permanecer en descanso", dice LaForge. "Generalmente, mientras más activa y en forma está usted, más resistencia y energía tendrá cotidianamente. Los carteros, por ejemplo, están siempre de pie. Sin embargo, se quejan de fatiga mucho menos que los empleados de oficina."

¿Otros factores que pueden hacernos sentir cansadas todo el tiempo? Fumar, las drogas "recreativas", el alcohol y los patrones de comer y dormir irregularmente someten a nuestra mente y cuerpo a demasiada tensión. Algunas veces, según indican los expertos, la fatiga es simplemente la forma en que su cuerpo la señala que su estilo de vida no es a decuado para usted mantenerse saludable.

Además, la fatiga es una parte normal de la vida de la mujer. Tanto el embarazo como el período posterior al parto pueden ser los momentos más agotadores en la vida de cualquier mujer. La tensión física y emocional del embarazo y del parto —más el aumento de peso, náuseas matinales y amamantamiento asociados con estos— consumen una cantidad enorme de energía. Lo mismo ocurre con los cambios de estado de ánimo, los dolores de cabeza, la diarrea y los sofocos (bochornos, calentones) que algunas mujeres experimentan durante los cambios hormonales de menstruación, síndrome premenstrual o menopausia.

Recupere sus ganas de vivir

La fatiga puede ser un síntoma de cualquier cosa, desde el resfriado (catarro) común hasta el cáncer. Y también es un efecto secundario de algunos de los medicamentos usados para tratar estas afecciones.

Pero la fatiga rara vez es algo de lo que haya que preocuparse a menos que venga acompañada por otros síntomas tales como dolor, inflamación o fiebre, o si dura más de una semana. Si su fatiga ha durado tanto así o tiene otros síntomas, consulte a su doctor.

De lo contrario, aquí hay algunos consejos para revitalizar su vida.

Tómese su tiempo. "La fatiga es el precio que pagamos por presionar a nosotras mismas más allá del punto donde nuestras mentes y cuerpos dicen no", dice el doctor Kroenke. Así que piense dónde podría ser que usted esté presionándose demasiado. Reduzca algunas de sus actividades. No trabaje o haga ejercicio tan dura, rápida o prolongadamente como lo ha estado haciendo. Tome descansos frecuentemente. Y asegúrese de dormir la noche entera todas las noches, lo cual significa que duerma bien y lo suficiente para levantarse sintiéndose como nueva en la mañana.

Ordene el desorden. ¿Se siente usted vencida por una lista de tareas antes de siquiera haber empezado? Ponga orden en el desorden de su vida poco a poco, dice LaForge. Empiece su día con una lista de cuatro o cinco tareas que usted seguramente puede completar, y trabaje sólo en ellas. Al día siguiente, pruebe cuatro o cinco más. Lo que al principio parecía como una montaña que usted no hubiera podido escalar se convierte en una serie de pequeñas colinas sobre las cuales camina con facilidad.

Póngase en marcha. Según un estudio de Robert Thayer, Ph.D., profesor de sicología en la Universidad Estatal de California, en Long Beach, una caminata de diez minutos a paso ligero provoca un cambio en el estado de ánimo que aumenta rápidamente los niveles de energía y los mantiene en alto por hasta dos horas.

Concéntrese en los carbohidratos. De los tres nutrientes que aportan energía —carbohidratos, grasa y proteína— los carbohidratos son los más potentes para combatir la fatiga. "Los carbohidratos proporcionan una fuente de energía eficiente y de acción prolongada", dice el doctor Peter Miller. Para producir una reserva abundante de energía de carbohidratos, añada algunos de estos alimentos a su plato siempre que se siente a comer.

Coma más frecuentemente. El saltar comidas puede dejar sus reservas de combustible peligrosamente bajas, y digerir comidas fuertes puede ser un desgaste enorme de energía. Desafortunadamente, las tres comidas al día tradicionales pueden contribuir al problema.

"Su cuerpo necesita combustible en dosis moderadas a lo largo del día para continuar funcionando a niveles óptimos", dice el doctor Peter Miller. Él recomienda consumir cuatro o cinco comidas pequeñas todos los días. "El reducir la cantidad de comida que usted come en cada ocasión y el repartir su consumo de calorías más uniformemente durante el transcurso del día pone más energía a disposición de su cuerpo a lo largo del día", dice él.

Cárguese con esta coenzima. Pruebe la coenzima Q_{10}, un compuesto natural disponible en la forma de suplemento alimenticio en las tiendas de productos naturales. Esta coenzima, tomada en dosis de 30 miligramos al día, mejora la capacidad del cuerpo para utilizar oxígeno de forma eficiente y, a la larga, le da más energía, dice Allan Magaziner, D.O., presidente del Centro Médico Magaziner en Cherry Hill, Nueva Jersey.

Mastique magnesio. Tómese un suplemento multivitamínico y de minerales diario que incluya 400 miligramos de magnesio y hasta 25 miligramos de cada una de las vitaminas del complejo B, dice el doctor Magaziner. Su cuerpo necesita magnesio para poder obtener energía de los alimentos. La deficiencia de vitaminas B, en particular la de vitamina B_{12}, se ha asociado a la fatiga y a la pérdida de memoria, entre otros síntomas.

Nota: Si usted padece del corazón o de los riñones, asegúrese de preguntarle a su doctor si está bien que tome un suplemento de magnesio.

Asimismo, las dosis de ácido fólico de más de 400 microgramos al día deberán tomarse sólo bajo la supervisión de un médico. En grandes cantidades, este nutriente puede enmascarar las señales que indican una deficiencia de vitamina B_{12}.

Pruebe el *ginseng*. Uno de los remedios más antiguos y más socorridos para incrementar las reservas de energía es el *ginseng*, dice Donald J. Brown, N.D., un doctor naturopático de Seattle, Washington. "Mi primera elección en cuanto a tónicos vigorizantes para mujeres de la edad menstrual es el *ginseng* siberiano. Las mujeres que se están aproximando o que ya han pasado por la menopausia también pueden emplear el *ginseng* coreano. Yo recomiendo tomar 2 ó 3 gramos de *ginseng* siberiano en cápsulas, o bien, de 100 a 200 miligramos de *ginseng* coreano en cápsulas del extracto estandarizado al día." Para evitar ponerse irritable, evite consumir cafeína y demás estimulantes mientras esté tomando *ginseng*.

MANCHAS DE LA EDAD

Lo que necesita saber para hacerlas desaparecer

Ella era una mujer muy atractiva de cierta edad. Estaba en forma y era esbelta, y era obvio que se cuidaba el cutis. Usted admiraba su estilo, su porte, su maquillaje. Envejecer no sería tan malo si una pudiera verse así de bien, usted pensó. Entonces, de pronto, usted notó sus manos. Estaban cubiertas de manchas cafés. ¡Uy, qué feas!

Quizás actualmente usted se está revisando sus propias manos con cierta preocupación. Hasta ahora sólo han aparecido unas cuantas, pero allí están. Le están añadiendo años innecesarios a su apariencia, y son una razón por la cual sus manos pueden revelar su edad. Pero hoy en día, usted puede hacer mucho más acerca de las manchas de la edad que simplemente contarlas cuando aparecen.

Distinga entre sus manchas

Primero, usted necesita determinar qué es una mancha de la edad y qué no lo es. Hay varios tipos de estas manchas desagradables, pero hay una causa que es común a todas ellas, según los médicos, y esta es el daño causado por el sol. Posiblemente usted expuso su piel sin protegerla de los rayos ultravioleta, ya sea en un establecimiento para broncearse, una lámpara solar o años de asolearse sin ponerse loción antisolar. En respuesta, su piel ha tratado de protegerse por sí misma produciendo una superabundancia de melanina —las células pigmentadas en su piel— en manchas disparejas.

¿Cuál es la diferencia entre manchas de la edad y pecas? Las pecas aparecen cuando usted es joven, son más numerosas en el verano y tienden a desaparecer con la edad, dice el doctor Nicholas Lowe, profesor de dermatología en la Universidad de California, en Los Ángeles. Las manchas de la edad empeoran, y no desaparecen.

Causas químicas

Ciertas sustancias que se ponen en contacto con su piel pueden causar manchas de la edad, dice la doctora Karen Burke, una dermatóloga de consulta privada en la ciudad de Nueva York. Las sustancias químicas llamadas *psoralens* están presentes en alimentos como el perejil, limones verdes (limas) y chirivías. Cuando usted maneja estos alimentos y después sale al sol, su piel puede estar más sensible y quemarse más fácilmente donde los *psoralens* la tocaron. Cuando las pequeñas ampollas causadas por las quemaduras se han curado, puede ser que en su lugar aparezcan manchas de la edad.

Algunos antibióticos como la tetraciclina (*Achromycin*), algunos diuréticos (píldoras de agua) y las medicinas antisicóticas como la cloropromazina (*Thorazine*) también causarán que su piel produzca manchas de la edad cuando no está protegida contra el sol, dice la doctora Burke.

Y si su perfume favorito contiene almizcle (*musk*) o aceite de bergamota, los cuales son ingredientes comunes de perfumes, pueden darle a usted algo más que un aroma encantador. Cuando perfumes o lociones que contienen estos ingredientes se aplican a las áreas expuestas al sol, pueden producir manchas de edad, dice la doctora Burke.

Más vale prevenir que curar

Lo más importante que usted puede hacer para detener la formación de nuevas manchas de la edad es usar loción antisolar todo el tiempo. Una onza (28 g) es todo lo que se necesita, dicen los dermatólogos.

Úsela diariamente. "Empiece a usar una loción antisolar con factor SPF 15 o más alto, diariamente", dice el doctor John E. Wolf, Jr., profesor en la Universidad Baylor en Houston. ¿Qué es SPF? Son las siglas de *sun protection factor* (factor de protección solar). SPF 15, por ejemplo, quiere decir que usted puede estar en el sol 15 veces más tiempo antes de empezar a quemarse que si no se hubiera puesto la loción.

"Aplíquela al dorso de sus manos y a su cara antes de ponerse cualquier humectante o maquillaje", dice el doctor Wolf. "Después de lavarse las manos, no se olvide de volverse a poner la loción. Si usted nota el principio de manchas de la edad o melasma, cambie a una loción antisolar con un factor más alto que el que está usando actualmente."

Y recuerde que si usted no está preparada para usar loción antisolar diariamente, todo el año, realmente no tiene sentido que se trate sus manchas de la edad, dice el doctor Lowe. Sin una loción antisolar diaria, "en unos meses su piel volverá a estar como estaba antes", dice.

Lávese. Lávese las manos minuciosamente después de manejar alimentos que contienen *psoralens* y vuélvase a poner loción antisolar antes de salir otra vez, dice la doctora Burke.

Quitamanchas

Lo más importante que usted puede hacer acerca de las manchas de la edad es asegurarse primero que no son lesiones precancerosas, dice el doctor Wolf. "Si una mancha café aparece de la nada, o una de las antiguas manchas de repente cambia de forma, se levanta o sangra, haga que un dermatólogo la examine para tener la certeza de que no se trata de un melanoma prematuro", dice. El número de casos de melanoma, una forma potencialmente fatal de cáncer de la piel, está aumentando más rápidamente que cualquier otro tipo de cáncer.

Si usted tiene sólo unas cuantas manchas que no son demasiado oscuras, puede probar con un remedio que se puede comprar sin receta. Pero para un montón de persistentes manchas de la edad, su dermatólogo tiene varios tratamientos muy efectivos.

Deshágase de ellas blanqueándolas. Diríjase al pasillo en su farmacia favorita donde están los productos para el cuidado del cabello para encontrar ayuda sin necesidad de receta. Toma tiempo, pero un producto para decolorar el cabello que está hecho de por lo menos un 30 por ciento de agua oxigenada (*hydrogen peroxide*) puede ayudar a hacer que se desvanezcan las manchas de la edad pequeñas. Los productos con el más alto porcentaje de agua oxigenada son para los tonos rubios, como son *Nice'n Easy 97* y *98* y *Ultress 25*. La doctora Burke sugiere usar un algodón humedecido en el agua oxigenada. Puede ser que necesite usarlo diariamente por varias semanas.

Pruebe con una crema desvanecedora. Las *Porcelana* y otras cremas, incluyendo las cremas desvanecedoras *Esotérica* y *Palmer's Skin Success*, contienen hidroquinona, que interfiere con la producción de melanina de su piel. Sin embargo, la doctora Burke indica que estos productos funcionan lentamente. Las preparaciones de hidroquinona más fuertes, que se obtienen con una receta, pueden lograr resultados más rápidamente.

Busque una solución más fuerte. La *Melanex* y la *Eldoquin*, cremas que contienen hidroquinona en una concentración más alta y que sólo se consiguen con recetas, pueden lograr buenos resultados para hacer desaparecer sus manchas de la edad más grandes y más tenaces. La tretinoína (*Retin-A*), que viene en crema o jalea, es otro remedio potencial de manchas de la edad, aunque normalmente se usa contra el acné y las arrugas. La *Retin-A* regresa gradualmente la piel a su condición normal, haciendo que las manchas de la edad desaparezcan. A discreción de su médico, se puede usar en combinación con hidroquinona, dice la doctora Burke.

Véase más juvenil con flores de saúco. Una pasta de flores de saúco (*elderberry*) secas o frescas con jugo de limón y agua le ayudará a blanquear las manchas de la edad con el tiempo, dice Kathlyn Quatrochi, N.D., una doctora naturopática y herbolaria de Oak Glen, California. La pasta combate las manchas de la edad de dos formas. Primero, hace que se desvanezcan y segundo, hace que se vayan desprendiendo a medida que los ácidos aflojen las celulas viejas y muertas.

Para hacer la pasta, use un procesador de alimentos o una licuadora (batidora). En esta, combine una cucharada de flores de saúco frescas o secas y una cucharadita de jugo de limón, agregando suficiente agua para formar la pasta. Aplíquesela con sus dedos sobre la piel limpia, asegurándose de evitar el área alrededor de los ojos y labios. Déjese la pasta durante no más de cinco minutos o menos tiempo si le arde. "Está bien que le arda un poco, pero cualquier cosa más allá de un ligero ardor significa que deberá quitársela", dice la doctora Quatrochi. Enjuáguese y quítese la pasta con agua templada. "Con el tiempo, conforme su piel vaya acostumbrándose a la mezcla, podrá ir agregando más jugo de limón y menos agua", dice ella. Eventualmente, sólo deberá usar jugo de limón y nada de agua. Aplíquese este tratamiento tres veces por semana. Lo más probable es que, al cabo de tres meses, las manchas se hayan atenuado, dice ella.

Proteja su piel con siempreviva. El aceite esencial que se extrae de la siempreviva (conocida en inglés como *helichrysum* o *strawflower*) ayuda a que la piel adquiera una apariencia más joven y fresca, dice Mindy Green, una herbolaria de Boulder, Colorado. Agregue 12 gotas de aceite esencial de siempreviva a 1 onza (30 ml) de aceite humectante —Green sugiere la infusión de manzanilla en aceite de oliva— y utilícela regularmente para ayudar a regenerar la piel descuidada, recomienda ella.

De acuerdo con Kurt Schnaubelt, Ph.D., fundador y director científico del Instituto de Aromaterapia Pacific en San Rafael, California, esta hierba protege a las células jóvenes de la piel que están en crecimiento.

Considere un *peeling* o congelamiento. Su dermatólogo puede probar con ácido tricloroacético, que es usado a menudo para *peelings* (descamaciones químicas) y es bastante efectivo para las manchas de la edad. Podría ser una buena elección para sólo algunas cuantas manchas que no sean demasiado oscuras, dice el doctor Wolf. Otra alternativa es congelar las manchas con nitrógeno líquido. Con estos tratamientos, que deben efectuarse en el consultorio de un médico, hay cierto riesgo de que las sustancias químicas funcionen demasiado bien, dejando manchas blancas sin pigmentación donde antes estaban las manchas de la edad, dice.

Aproveche este rayo de esperanza. Usado por un médico muy diestro, el rayo láser es la solución de alta técnica para las manchas de la edad, dice el doctor Lowe. Es, también, la más cara. "La gran ventaja acerca del tratamiento por láser de este problema es que en las manos de un experto, usted no corre el riesgo de tener manchas blancas donde antes estaban las manchas oscuras", dice. Pregunte a su dermatólogo si es que el tratamiento láser está disponible. ¿Le dolerá? Sólo por un instante. Y, según el doctor Lowe, el dolor es similar a cuando le pegan en la piel con una liga elástica. El costo por un tratamiento con rayos laser está entre $200 y $500, dependiendo del área que hay que tratar.

Recuerde que con todos estos tratamientos, es esencial seguir usando loción antisolar. De lo contrario, seguramente se formarán nuevas manchas de la edad.

PAPADA

Ideas para hacer su cuello más bello

La Madre Naturaleza no nos hizo ningún favor cuando inventó la gravedad. Desde el día en que nos quitamos nuestro vestido de quinceañera, nos ha estado jalando, jalando y jalando, estirando partes de nuestro cuerpo a lugares que nunca nos hubiéramos imaginado cuando estábamos en nuestra adolescencia.

Y de todas nuestras partes del cuerpo, ninguna es tan sensible a la gravedad como el cuello. Agregue unas cuantas libras inocentes, unos cuantos años inofensivos y, —¡ay, ay, ay!— ahí viene la papada.

"Debo admitirlo, una papada realmente parece molestar a algunas mujeres. Las hace sentir como que están envejeciendo rápidamente", dice el doctor Robert Kotler, un cirujano cosmético facial e instructor clínico de cirugía en la Universidad de California, en Los Ángeles. "Cada vez que se miran en el espejo, la ven. Están conscientes de ella en las fiestas y en el trabajo. Y les está indicando que probablemente no son tan jóvenes como antes eran."

Los productores de papadas

Tres factores contribuyen a la papada; grasa en el cuerpo, la anatomía y el tiempo. La mujer almacena grasa en su cuello tan fácilmente como en sus caderas o muslos, dice el doctor Kotler. Así que si aumentamos unas cuantas libras, hay una buena posibilidad de que algunas de ellas encontrarán refugio bajo nuestras barbillas.

Pero las mujeres con sobrepeso no son las únicas en peligro. También las personas delgadas tienen papadas, usualmente debido a la forma de su mandíbula y garganta. "Mientras menos agudo sea el ángulo entre las líneas de la mandíbula y el cuello, mayor es el riesgo de un cuello carnoso", dice el doctor Kotler. Pero mientras más abajo esté la manzana de Adán en su cuello, más posible es que a usted le cuelgue la barbilla.

La edad también aumenta las probabilidades. La piel de las mujeres empieza a perder su elasticidad después de los 35 a los 40 años de edad. Aun cuando usted se encuentre firme y en buena forma, puede tener una pequeña papada simplemente debido a la piel más suelta, dice el doctor Kotler.

Desde una perspectiva de salud, nada de esto es realmente importante. No hay nada peligroso en una papada a menos que usted tenga muchísmo sobrepeso, dice el doctor Kotler. Y aun así, es un síntoma de obesidad, no un problema por sí mismo. "Las papadas son simplemente una parte desafortunada del proceso de envejecer", dice el doctor Kotler. "Pero en el orden general de la vida, hay cosas más importantes por las cuales preocuparse."

Consejos para su cuello

Inofensiva o no, la mayoría de las mujeres encuentran a las papadas poco atractivas. Para ayudarla a deshacerse de esos rollitos extras —o por lo menos esconderlos un poco— los expertos ofrecen estos consejos.

Primero, le toca perder. "La mejor forma de deshacerse de una papada es perdiendo peso", dice el doctor Kotler. "Muchas personas vienen a mi consultorio porque quieren una cirugía cosmética. Pero si tan sólo perdieran algo del peso excesivo, el problema disminuiría a tal grado que ya no necesitarían ayuda."

Y para hacer esto, hay que seguir las mismas reglas que siempre.

Haga ejercicio aeróbico regularmente. Consuma menos grasa. Evite dietas estrictas que generalmente causan más daños que beneficios. Y no se confíe en los ejercicios milagrosos de "reducción por área" para su cuello. Estos no quitarán la grasa y en algunos casos han causado mandíbulas dislocadas y músculos del cuello seriamente distendidos.

Acórtelo. El cabello largo atrae miradas a su cuello, que es justamente lo que usted no quiere. Los cortes al estilo paje que se curvan abajo de la barbilla son los peores. "La regla es mantenerlo corto, en o arriba de la línea de la mandíbula", dice Kathleen Walas, directora de modas y belleza para la empresa Avon Products en la ciudad de Nueva York.

Destaque otro detalle. Para hacer menos notable una papada, haga relucir otros aspectos físicos. La señora Walas sugiere usar colorete en la parte de arriba de sus pómulos. O pruebe con una sombra de ojos más brillante, con un tono de buen gusto. Si usa base de maquillaje, aplique una de tono ligeramente más oscuro abajo de la barbilla, y combínela con cuidado con la base de maquillaje en su cara. "Eso hará que el resto de su rostro luzca brillante y atractivo y su papada mucho menos notable", dice Walas.

Baje el escote. Los escotes abiertos y amplios son los más favorecedores para las mujeres con papadas, dice Walas. Los cuellos de tortuga deben descartarse definitivamente. Y en cuanto a joyas, evite gargantillas y pruebe con collares largos. Los aretes que cuelgan (en fin, cualquier cosa abajo de la línea de su mandíbula) pueden atraer atención hacia su cuello, según Walas.

Sepa lo que le espera con la cirugía. La cirugía cosmética es un último recurso, dice el doctor Kotler. Pero si usted ha probado todo y no puede perder esa papada —y tiene aproximadamente $5,000 a la mano— puede tener su cuello 'esculpido'. El cirujano hará un pequeño corte horizontal debajo de su barbilla, entonces succionará la grasa que se ha acumulado bajo la piel. Finalmente, hará una incisión vertical entre las capas del cuello y el músculo de la mandíbula y a continuación juntará y coserá los bordes, ajustando la capa de músculo como un corsé.

Es un procedimiento relativamente indoloro que requiere dos curitas para esconderla, dice el doctor Kotler. Los moretones (cardenales, moretones) son mínimos, y dentro de unos diez días usted no verá nada excepto que su barbilla sin papada de antes. "Es un procedimiento común", dice. "La técnica se ha vuelto muy refinada, y los resultados son bastante buenos." La operación se puede realizar bajo anestesia general o local con sedación.

Por aproximadamente $500 adicionales, el cirujano puede añadir un implante en la barbilla. Se trata de una pieza de silicona sólida que se desliza entre el hueso de su mandíbula y la funda de los tejidos que cubre el hueso. El implante le proporciona una mandíbula más prominente y acentúa aún más el ángulo entre la línea de su mandíbula y el cuello, dice el doctor Kotler. Esto no agrega nada al tiempo total de recuperación. Los cirujanos usan implantes en aproximadamente una cuarta parte de todos los procedimientos de papada, dice el doctor Kotler.

SOBREPESO

Qué hacer cuando nos toca perder

¿Ve a esa mujer esbelta dirigiendo la clase de aeróbicos? Pues antes, con su estatura de cinco pies cinco pulgadas (1.65 m), pesaba 200 libras (90 kg). ¿Puede creerlo?

Esa fue una época en que la vida le pesaba a Karen Faye, una enfermera de cuarenta y tantos de edad quien eventualmente se puso en forma y es ahora la propietaria del gimnasio Body Basics Aerobics Workout, en Tyngsboro, Massachusetts.

"Yo estaba mental y físicamente extenuada todo el tiempo, lo cual era una preocupación adicional al hecho de tener sobrepeso", recuerda ella. "Mentalmente, yo era una mujer joven. Pero físicamente, me sentía como mi propia abuela, y no podía creer lo que me estaba pasando. Yo sentía que mi verdadera persona estaba atrapada en el cuerpo de una mujer mayor."

Cuando llegó a las 200 libras, dice ella, "yo vi mis días contados, especialmente debido a mis arterias". Por esta razón, se puso en un régimen de comidas bajas en grasa y ejercicio. En ocho meses, ella perdió 80 libras (36 kg), y estaba en forma por primera vez en su vida y ha mantenido su peso por 11 años.

Después de controlar su peso, se hizo entrenadora personal y abrió su gimnasio. Como Faye lo sabe, el sobrepeso es una carga para el cuerpo y para el espíritu. Usted siente que ha perdido su juventud y vitalidad. Además, el exceso de peso la hace más propensa a sufrir los problemas del envejecimiento tales como las enfermedades del corazón, la presión arterial alta, la diabetes, la artritis y el colesterol alto. Y ni se diga de los dolores de espalda y otros dolores causados por estar cargando por todas partes más peso de lo que debería.

El Índice de Masa Corporal: lo último para determinar el sobrepeso

Hasta hace muy poco tiempo, se usaban tablas de estaturas y peso con edades para mostrar los pesos ideales para hombres y mujeres. Pero ahora los expertos en el control del peso recomiendan una nueva manera de

CÓMO CALCULAR SU ÍNDICE DE MASA CORPORAL

Para calcular su índice de masa corporal (*BMI* por sus siglas en inglés), busque su estatura en la columna izquierda. Entonces busque en las columnas a la derecha hasta que encuentre su peso. Directamente debajo de la columna con su peso, a lo último, está su BMI. Por ejemplo, si usted mide 4'10" y pesa 110 libras, su BMI es 23 y no tiene sobrepeso.

Según los expertos, su BMI ideal está entre 20 y 25. Las enfermedades cardíacas, el cáncer de mama, la diabetes y la artritis pueden ser afectados por un BMI alto. No obstante, las mujeres pueden reducir sus riesgos considerablemente con bajar tan sólo un grado en su BMI, como por ejemplo de 31 a 30. Estas tablas están en forma métrica en las páginas 48 y 49.

Estatura	Peso (libras)						
4'10"	91	96	100	105	110	115	119
4'11"	94	99	104	109	114	119	124
5'0"	97	102	107	112	118	123	128
5'1"	100	106	111	116	122	127	132
5'2"	104	109	115	120	126	131	136
5'3"	107	113	118	124	130	135	141
5'4"	110	116	122	128	134	140	145
5'5"	114	120	126	132	138	144	150
5'6"	118	124	130	136	142	148	155
5'7"	121	127	134	140	146	153	159
5'8"	125	131	138	144	151	158	164
5'9"	128	135	142	149	155	162	169
5'10"	132	139	146	153	160	167	174
5'11"	136	143	150	157	165	172	179
6'0"	140	147	154	162	169	177	184
BMI	**19**	**20**	**21**	**22**	**23**	**24**	**25**

(continúa)

Estatura	Peso (libras)						
4'10"	124	129	134	138	143	148	153
4'11"	128	133	138	143	148	153	158
5'0"	133	138	143	148	153	158	163
5'1"	137	143	148	153	158	164	169
5'2"	142	147	153	158	164	169	174
5'3"	146	152	158	163	169	175	180
5'4"	151	157	163	169	174	180	186
5'5"	156	162	168	174	180	186	192
5'6"	161	167	173	179	186	192	198
5'7"	166	172	178	185	191	197	204
5'8"	171	177	184	190	197	203	210
5'9"	176	182	189	196	203	209	216
5'10"	181	188	195	202	207	215	222
5'11"	186	193	200	208	215	222	229
6'0"	191	199	206	213	221	228	235
BMI	**26**	**27**	**28**	**29**	**30**	**31**	**32**

medir el sobrepeso: el Índice de Masa Corporal (*BMI* por sus siglas en inglés). El BMI es una cifra basada en una fórmula científica que compara su estatura a su peso. (Para determinar su BMI, consulte la tabla que dice "Cómo calcular su Índice de Masa Corporal" en la página 46.) El resultado ayuda a determinar si usted está a riesgo para problemas de la salud relacionados con el sobrepeso. Probablemente su BMI estará entre 19 y 32. Si por ejemplo usted mide 5 pies con 4 pulgadas (1.62 m) y pesa 122 libras (55 kg), su BMI es 21. Pero tiene la misma estatura y pesa 157 libras (71 kg), su BMI está considerablemente más alto, es 27. Según el doctor Michael Hamilton, el director médico del Centro de Dietas y Condición Física de la Universidad de Duke en Durham, Carolina del Norte, los BMI más saludables son de entre 20 a 25.

"Un BMI de 25 a 30 indica que la persona tiene sobrepeso", dice el doctor Hamilton. Con esa medida, "el riesgo para sufrir problemas como enfermedades del corazón empieza a aumentar". Si alguien tiene un BMI de más de 30, se considera que es obesa.

ÍNDICE DE MASA CORPORAL
EN FORMA MÉTRICA

A continuación se encuentran las mismas medidas para el índice de masa corporal (*BMI* por sus siglas en inglés), que aparecen en la página 46, sólo que están en metros y kilogramos. Para calcular su BMI, busque su estatura en la columna izquierda. Entonces busque en las columnas a la derecha hasta que encuentre su peso. Directamente debajo de la columna con su peso, a lo último, aparece su BMI. Por ejemplo, si usted mide 1.54 m y pesa 55 kilos, su BMI es 22 y no tiene sobrepeso. El BMI ideal está entre 20 y 25.

Estatura (m)	Peso (kilos)						
1.47	41	44	45	48	50	52	54
1.50	43	45	47	49	51	54	56
1.52	44	46	49	51	54	56	58
1.55	45	48	50	53	55	58	60
1.57	47	49	52	54	57	59	62
1.60	49	51	54	56	59	61	64
1.62	49	53	55	58	61	64	66
1.65	52	54	57	60	63	65	68
1.68	54	56	59	62	64	67	73
1.70	55	58	61	64	66	69	72
1.73	57	59	63	65	68	72	74
1.75	58	61	64	68	73	73	77
1.80	60	62	66	69	72	76	79
1.83	62	65	68	71	75	78	81
1.85	64	67	70	73	77	80	83
BMI	**19**	**20**	**21**	**22**	**23**	**24**	**25**

(continúa)

Estatura (m)	Peso (kilos)						
1.47	56	59	61	63	65	67	71
1.50	58	60	63	65	67	71	72
1.52	60	63	65	67	71	72	74
1.55	62	65	67	71	72	74	77
1.57	64	67	71	72	74	77	79
1.60	66	71	72	74	77	79	82
1.62	68	71	74	77	79	82	84
1.65	71	73	76	79	82	84	87
1.68	73	76	78	81	84	87	90
1.70	75	78	81	84	87	65	93
1.73	78	80	83	86	65	92	95
1.75	80	83	86	89	92	95	98
1.80	82	85	88	92	94	98	101
1.83	84	88	91	94	98	101	104
1.85	87	90	93	97	100	103	107
BMI	**26**	**27**	**28**	**29**	**30**	**31**	**32**

Por lo general, las mujeres que tienen menos de 35 años de edad deben tratar de tener un BMI de 25 o menos. Tal vez usted aumente de peso a medida que envejece, por lo tanto, según dice el doctor Hamilton, si empieza con un BMI saludable, éste la ayudará a protegerla de problemas médicos.

Si su BMI actualmente es mayor de lo que lo se considera saludable, no se dé por vencida. Según algunos expertos en el control de peso, con sólo bajar entre 10 y 14 libras (5 y 6 kg), o sea, de un BMI de 30 a uno de 28, una mujer sí puede reducir su riesgo de tener problemas de salud. Y como ya verá en las páginas siguientes, solamente hacen falta unos pequeños cambios en su estilo de vida para lograr resultados impresionantes —y permanentes— con su figura y por consiguiente su BMI.

Estrategias para adelgazar

El primer paso hacia una pérdida de peso exitosa es aceptarse a sí misma, tal y como está ahora, dice Thomas A. Wadden, Ph.D., profesor adjunto de sicología en la Universidad de Pensilvania en Filadelfia. Entonces, usted tiene que desarrollar una estrategia para tomar el control de su peso. Aquí está cómo.

Haga un compromiso a largo plazo. La clave para una pérdida de peso exitosa a cualquier edad, dicen los expertos, es hacer los cambios gradualmente. Perder media libra a la semana es lo ideal, dice el doctor George Blackburn, Ph.D., profesor adjunto de cirugía en la Universidad de Harvard en Boston, Massachusetts. Así que fíjese como objetivo alcanzar un peso saludable en un año a partir de ahora, no de la semana entrante, dice él.

Preste atención a sus necesidades emocionales. Algunas veces usted puede confundir el hambre con otros sentimientos, especialmente si se siente deprimida o estresada o simplemente está reaccionando a una fotografía tentadora en una revista sobre platillos sabrosos. Si no es su estómago el que está hablando, usted necesita descubrir qué clase de emociones o inquietudes están provocando sus ganas de comer, dice John Foreyt, Ph.D., director de la Clínica de Investigación de la Nutrición del Colegio de Medicina de Baylor, en Houston. Desarrolle entonces un enfoque para resolver el problema. "¿Cómo puede usted satisfacer esa necesidad sin comer? Camine alrededor de la manzana, llámele a una amiga, medite, dese un baño, cepíllese los dientes o haga gárgaras con un enjuague bucal", dice él. "Esto rompe la cadena y desarrolla un patrón alterno de conducta."

Declare la guerra contra la grasa. La grasa dietética nos hace aumentar de peso porque se almacena en el cuerpo mucho más fácilmente que los carbohidratos o las proteínas, dice el doctor Peter D. Vash, profesor clínico auxiliar en la Universidad de California, en Los Ángeles. El cuerpo quema carbohidratos y proteínas como combustible casi inmediatamente, mientras que la grasa, la cual es más densa en calorías, se quema más despacio y hay más probabilidad de que sobrará —y se quedará— en el cuerpo. Empiece por cortar la grasa en los lugares obvios: coma menos carnes grasosas, alimentos fritos, lácteos altos en grasa y postres. También, tenga cuidado con las ensaladas embadurnadas de aceite u otros aliños (aderezos) grasosos. Se recomienda que usted mantenga su total de calorías provenientes de la grasa en un 25 por ciento o menos de su dieta diaria.

Ahóguese. "Tomar cantidades generosas de agua es indudablemente la mejor manera de reducir el apetito", dice el doctor Blackburn.

El agua no solamente hace que su estómago continúe sintiéndose lleno, sino que también mucha gente piensa que tiene ganas de comer cuando en realidad está sedienta, dice él. Así que póngase como objetivo tomar ocho tazas de líquidos al día, sorbiendo media taza a la vez durante el día.

Cuente con los carbohidratos. No pase hambre. Cuando usted reemplaza las calorías de la grasa excesiva que ha estado comiendo con alimentos tales como los carbohidratos, usted realmente puede comer más y todavía perder peso. En un estudio de la Universidad de Illinois en Chicago, se les pidió a las personas en dietas con contenido de grasa moderadamente alto que mantuvieran su peso por 20 semanas mientras cambiaban a dietas bajas en grasa y altas en carbohidratos. Estas personas comieron todo lo que quisieron y a pesar de eso perdieron más del 11 por ciento de la grasa en su cuerpo y el 2 por ciento de su peso. Así que para satisfacerse mientras está perdiendo peso, disfrute de abundante pasta rica en carbohidratos (sin salsa grasosa), cereales bajos en grasa, panes, frijoles (habichuelas), verduras y frutas frescas crujientes.

Haga cambios poco a poco. Por ejemplo, busque formas de reducir su ingesta calórica en aproximadamente 125 calorías al día, dice el doctor G. Michael Steelman, un médico de Oklahoma City, Oklahoma. Puede intentar ponerle mostaza en lugar de mayonesa a su sándwich (emparedado) o usar leche descremada en lugar de crema en su café. Lo mismo es aplicable en el caso del ejercicio: comience con una rutina de 10 minutos y luego vaya incrementándola gradualmente, sugiere él. Al ir lento y al darse tiempo para ajustarse a los cambios que vaya haciendo en su estilo de vida, usted se estará preparando para lograr una pérdida de peso permanente.

Preste atención a las porciones. "Muchas mujeres han reducido significativamente la grasa dietética, pero la sobrecompensan con porciones demasiado abundantes de alimentos sin grasa o bajos en grasa", dice el doctor Steelman. "Estos alimentos pueden ser bastante altos en calorías." Por lo tanto, como dice el refrán, estará sacando agua en canastas. Reducirá la grasa, pero si consume muchas calorías y no las quema, éstas se almacenarán en su cuerpo, probablemente en un lugar poco conveniente como su barriga, muslos o asentaderas.

Abastézcase bien. Si usted trabaja en una oficina, siempre tenga en su escritorio bastantes alimentos bajos en grasas, como latas que contienen una sola porción de atún, sopas deshidratadas, frutas, y barras de *granola*. También mantenga este tipo de alimentos en su cartera o en el carro. Así, para esos días en que no le dé tiempo de empacar su almuerzo, usted tendrá

AUXILIARES PARA BAJAR
DE PESO QUE DEBE EVITAR

"Pierda peso naturalmente." Es una promesa poderosa y seductora. Pero la verdad es que "natural" no siempre significa "seguro".

Algunos productos naturales para bajar de peso contienen hierbas que son potencialmente peligrosas o extremadamente tóxicas. Además, debido a que la Dirección de Alimentación y Fármacos (*FDA* por sus siglas en inglés) clasifica a los productos para bajar de peso como suplementos alimenticios en lugar de clasificarlos como fármacos, los fabricantes no necesitan contar con la aprobación de la FDA para comercializarlos. Esto significa que aún no ha sido comprobada la eficacia —ni la seguridad— de muchos de estos productos.

La FDA ha encontrado pruebas que vincula a los siguientes productos naturales para bajar de peso con efectos secundarios severos e incluso la muerte. Por lo tanto, evítelos.

Laxantes herbarios. Los laxantes herbarios, comúnmente vendidos como *"dieter's teas"* (tés para quienes están a dieta), incluyen cáscara sagrada, sena (sen), espino cerval, áloe vera (sábila, acíbar) y raíz de ruibarbo. Estos productos pueden causar dolores (cólicos) estomacales y diarrea. Si se usan en demasía, es posible que sus intestinos ya no sean capaces de funcionar sin ellos. Pero lo más grave es que estos productos agotan el potasio que se encuentra en la sangre y esto puede conducir a la parálisis y a irregularidades en el latido del corazón. El mal uso de estos productos ha causado la muerte de por lo menos cuatro

comida saludable y rápida de preparar a su alcance. No estará tan tentada a dirigirse a la máquina expendedora o a un restaurante de comida rápida para comprarse cualquier cosa para comer, dice Ingrid Lofgren, R.D., del Centro Médico de la Universidad de Massachusetts en Worchester.

Además, tendrá unos antídotos excelentes contra el hambre que le pueda llegar a dar entre comidas, dado que estos alimentos la llenarán sin proporcionarle una gran cantidad de calorías o grasa, señala Lofgren.

mujeres que presentaban una historia clínica de afecciones de la alimentación.

Efedra (belcho). Se han obtenido resultados modestamente favorables en la investigación de los efectos de la efedra, también conocida como *ma huang*, como auxiliar en la pérdida de peso. Sin embargo, en dosis altas, la efedra puede elevar la presión arterial, incrementar la frecuencia cardíaca y sobreestimular al sistema nervioso central, que controla al cerebro. Desde 1996, la FDA ha recibido más de 800 reportes de efectos secundarios asociados al uso de la efedra, entre los que se encuentran las palpitaciones cardíacas, los ataques convulsivos, los derrames cerebrales, el dolor en el pecho y los ataques al corazón. Esta hierba también ha provocado la muerte de por lo menos dos personas.

***Fen-phen* herbario.** La efedra es el principio activo de esta versión "natural" de la peligrosa combinación de fármacos para bajar de peso que contiene fenfluramina y fentermina (de ahí que se conozca como *fen-phen*, dado que sus nombres en inglés son *fenfluramine* y *phentermine*), misma que se retiró del mercado cuando se descubrió que causaba problemas con las válvulas del corazón. Aún no se ha demostrado la eficacia del *fen-phen* herbario en ensayos clínicos. Además, el mal uso de este producto se ha asociado a efectos secundarios graves, que abarcan desde el nerviosismo e irregularidades en el latido del corazón hasta la muerte por ataques al corazón y derrames cerebrales.

Dese un gusto de vez en cuando. Si usted siente que todo lo que se está diciendo a sí misma con respecto a los alimentos es no, no, no, eventualmente usted va a dejar que los desliceses se conviertan en una avalancha, dice Susan Kayman, R.D., Dr.P.H., una dietista y consultora con el grupo médico Kaiser Permanente, en Oakland, California. Por eso es que ella aboga seguir la regla 80/20. Si usted come poca grasa el 80 por ciento del tiempo entonces, cuando está comiendo con las amistades, se va de fiesta o visita a los suegros, ocasionalmente se puede dar el gusto de comer algo con un contenido de grasa más alto sin tener que sentirse culpable, dice ella.

Coma a menudo. Algunos investigadores apoyan la idea de "picotear" —en el sentido de ingerir varias pequeñas comidas a lo largo del día en lugar de tres comidas grandes— para controlar el apetito y evitar el atiborramiento. "Pero usted no puede 'picotear' con dulces *M&M*, papas fritas y helado de crema *Häagen-Dazs*", dice James Kenney, R.D., Ph.D. un especialista en investigación de nutrición en el Centro Pritikin de Longevidad, en Santa Mónica, California. "Pero si usted 'picotea' con alimentos bajos en grasa y altos en fibra que no están rellenos de calorías, como son las zanahorias, manzanas, los melocotones (duraznos), las naranjas (chinas) y los pimientos (ajíes) rojos, va a mantener su apetito controlado."

Cene por lo menos tres horas antes de acostarse. Con base en la experiencia que ha adquirido con sus pacientes, el doctor Steelman ha llegado a la conclusión que las personas que consumen la mayor parte de sus calorías cerca de la hora de acostarse tienen más dificultades para bajar de peso. El culpable de esto es su metabolismo corporal, dado que se hace más lento por la noche, permitiendo que el cuerpo almacene grasa con mayor facilidad.

Anótelo todo. Lleve un diario de los alimentos que consume, anotando en él no sólo lo que come sino también cuánto come, a qué hora se lo come y qué es lo que está haciendo mientras se lo come. Este proceso le ayuda a crear hábitos alimenticios saludables porque le permite descubrir las fuentes ocultas de calorías y grasa, señala el doctor Steelman. También le permite identificar las situaciones que le abren el apetito. Por ejemplo, puede que se dé cuenta que usted consistentemente recurre a la comida cuando está aburrida o estresada.

Actividades para la mujer que quiere perder

Si adopta una dieta más saludable, esto le ayudará a perder peso. Pero si combina sus nuevos hábitos de comer más saludables con el ejercicio, usted adquirirá una figura más firme más pronto. Y la conservará.

El ejercicio también fortalece su corazón y sus arterias, y estimula su confianza en sí misma. En resumen, contrarrestará muchos de los efectos dañinos del sobrepeso. El ejercicio incluso puede ayudarle a frenar su apetito.

Si usted no está acostumbrada a hacer ejercicio, consulte a su médico antes de empezar. Una vez que tenga su autorización, está lista. A continuación aparecen algunos consejos para que empiece.

Repítalo. "El mejor presagio de un manejo del peso a largo plazo es la actividad aeróbica regular, la cual impulsa el ritmo de su corazón", dice el doctor Foreyt. "Caminar vigorosamente es una buena elección porque para la mayoría de la gente es algo muy fácil de hacer regularmente. No obstante, la efectividad de *cualquier* actividad aeróbica para el control de peso se ha comprobado repetidamente." Por lo general, los expertos recomiendan al menos 3 sesiones de 30 minutos de ejercicio aeróbico a la semana.

Tonifíquese sin ser como Schwarzenegger. El entrenamiento de fuerza incrementa la masa corporal magra, o en otras palabras, la masa muscular. Dado que el músculo quema más calorías que la grasa, su metabolismo se acelera. Y se mantiene en un nivel más alto, ya sea que esté activa o reposando. "Ésta es una ventaja de suma importancia cuando se trata de perder o mantener el peso", dice el doctor Steelman. Y no se preocupe por la posibilidad de desarrollar un cuerpo tipo Arnold Schwarzenegger. Las mujeres tienen muy poca testosterona en sus cuerpos. Esa hormona es la que hacen que los hombres desarrollen músculos tan grandes. Por lo tanto, es muy difícil que levantar pesas la harán lucir como un fisiculturista. En cuanto a los ejercicios para tonificar los músculos, una mujer deberá procurar incrementar el número de repeticiones usando un peso mínimo, en lugar de tratar de incrementar el peso máximo que puede levantar.

Usted puede combinar el entrenamiento de fuerza con el ejercicio aeróbico cada día que se ejercite, o bien, puede hacer ejercicio aeróbico un día y entrenamiento de fuerza al día siguiente. Si decide sustituir el ejercicio aeróbico por entrenamiento de fuerza, sólo asegúrese de no hacer esto en más de tres días en los que se ejercite a la semana, agrega el doctor Steelman.

Actívese más durante todo el día. Encuentre pequeñas maneras de incrementar su actividad física durante el día. Si usted, por ejemplo, camina al trabajo, agréguele una cuadra más a su caminata diaria. Usted quemará 10 calorías más al día, o aproximadamente 3,500 calorías más al año, que equivalen al número de calorías que contiene 1 libra (454 g) de grasa, dice la doctora Norton. Algunas otras estrategias son utilizar las escaleras en lugar del elevador, salir a caminar durante la hora de su almuerzo o estacionar su carro en el extremo más lejano del estacionamiento cuando va al supermercado.

VENAS VARICOSAS

Cómo vencer las várices

¿Qué mujer no odia las venas varicosas (várices), ya sean las pequeñas en forma de arañas o las de cuerdas azules protuberantes? Después de los 40 años de edad, las venas varicosas se trepan sigilosamente por las piernas de más de la mitad de nosotras, y son un poderoso recordatorio del envejecimiento. De repente, usar pantalones cortos (*shorts*) o un traje de baño ya no es una opción automática.

Lo que nosotras llamamos venas de araña los médicos llaman telangiectasia venosa. Se trata en realidad de venas dilatadas, que muchas veces se encuentran en la parte superior de las pantorrillas y los muslos. Tanto las venas de araña como las venas varicosas, las cuales por lo general se encuentran en las piernas, son venas más grandes de lo que deberían ser.

¿De dónde vienen? De sus genes, para empezar. Usted puede heredar de ambos lados de la familia la tendencia a formar venas varicosas.

Hay varias teorías sobre las otras causas de las venas varicosas, entre ellas el embarazo, la falta de fibra en la dieta, la menstruación, el fumar, y problemas con las válvulas dentro de la venas de las piernas. Aunque no se sabe por cierto que estos son los causantes, los médicos sí saben lo siguiente sobre las venas varicosas: no son una parte natural del envejecimiento.

Cómo prevenir problemas de venas

Si las venas varicosas le vienen de familia pero todavía no le han aparecido, hay muchas cosas que usted puede hacer para ayudar a prevenirlas.

Quítese ese exceso de peso. Si usted está significativamente excedida de peso, un plan saludable y gradual de pérdida de peso puede ser el mayor aliado de sus venas, dice el doctor Alan Kanter, director médico del Centro de Venas del Condado de Orange, en Irvine, California. Las libras adicionales ponen una presión innecesaria en sus piernas.

Agregue fibra en su dieta. Asegúrese de que su dieta sea alta en fibra para mantener a sus intestinos saludables y su defecación suave. Esto evitará el esfuerzo excesivo debido al estreñimiento, dice el doctor Kanter. El esfuerzo excesivo les pone más presión en las venas del recto y

ACABE CON LAS ARAÑAS

Algunas mujeres les llaman arañas vasculares a esas líneas rojas visibles que usualmente trepan por las piernas, especialmente en los muslos.

¿Cómo se deshace usted de éstas? Si son lo suficientemente grandes, por lo general la escleroterapia convencional es la mejor opción, dice el doctor Arthur Bertolino, profesor clínico adjunto de dermatología en la Universidad de Nueva York en la ciudad de Nueva York.

"El tamaño óptimo para el tratamiento es de por lo menos el tamaño de la línea que usted dibujaría en un pedazo de papel con un bolígrafo normal", dice él. "Si son demasiado pequeñas, no se puede insertar una aguja."

Si usted sólo tiene unas cuantas arañas diminutas, para ocultarlas considere maquillaje con una base verdosa la cual oculta los tonos rojos, sugiere el doctor Bertolino.

Pero cuando hay más de unas cuantas sobre la cara o las piernas, la escleroterapia es normalmente muy exitosa, dice él. Una aguja minúscula se inserta dentro de la vena y se inyecta una solución. Realmente se puede ver la red roja desaparecer al entrar la solución transparente en la vena, dice él.

¿Efectos secundarios? Ocasionalmente, la solución causará un calambre muscular temporal cerca del tobillo o en la parte de atrás de la pantorrilla inferior, el cual su médico puede hacer desaparecer con un masaje en un minuto o dos. Raramente, puede resultar una úlcera en la piel debido a que el líquido escapa de una vena, o se pueden formar nuevas venas de araña llamadas *mats*, dice él. También puede haber unas decoloraciones color café en la piel, las cuales casi siempre se desvanecen completamente por sí solas aunque pueden quitarse usando láser de vapor de cobre.

a su vez pone más presión en las venas de las piernas. La fibra se encuentra en abundancia en las frutas, las verduras y los granos integrales.

Manténgase en movimiento en el trabajo. No permanezca sentada por dos o tres horas ininterrumpidamente mientras está trabajando, dice el doctor Malcolm O. Perry, profesor en la Universidad Texas Tech, en Lubbock. Asegúrese de levantarse y caminar a menudo para mantener la sangre circulando.

Tratamientos caseros para las que ya tiene

Si a usted ya le están apareciendo unas cuantas venas varicosas, aquí está como mantenerlas bajo control.

Use medias elásticas. Para unas cuantas venas pequeñas, compre medias (calcetines) elásticas de buena calidad en una buena tienda de ropa y úselas regularmente, dice el doctor Perry. Las medias elásticas están disponibles en estilos que llegan a la rodilla, hasta los muslos y pantimedias. La compresión leve ayudará a mantener a sus venas bajas, dice él. Cuando hay una mayor cantidad de venas o son más grandes, usted puede necesitar usar medias de compresión gradiente, disponibles sin receta en la mayoría de las farmacias.

Pruebe las medias gradientes. Si sus venas son relativamente grandes, aun las medias elásticas de buena calidad no van a ser suficientes, dice el doctor Perry. En lugar de estas, pídale a su doctor que le recete medias de compresión gradientes hechas a medida. (En inglés, éstas se llaman *gradient compression stockings*.) "Son calientes y pesadas pero sí ayudan", dice él. La mayoría de las mujeres optan por usarlas en el trabajo debajo de los pantalones y guardan las medias elásticas más finas para ocasiones especiales.

¡Métale la chancla! Estire los músculos de sus pantorrillas cuando pase mucho tiempo sentada. Usted puede hacer este ejercicio sencillo prácticamente en cualquier lugar: ponga su pie en punta durante uno o dos segundos, como si estuviera pisando el acelerador de su carro, luego dóblelo hacia arriba. Haga estos ejercicios durante unos cuantos minutos cada hora. Este movimiento contrae los músculos de su pantorrilla. "Cada vez que contrae el músculo de la pantorrilla, usted hace que la sangre se desplace desde su pierna hasta la parte central de su cuerpo", explica Dee Anna Glaser, profesora auxiliar de dermatología en la Universidad de St. Louis en Misuri.

Aproveche la vitamina de las venas. Tome 500 miligramos de vitamina C, dos veces al día. Su cuerpo utiliza vitamina C para formar colágeno y elastina, que son los tejidos conectivos que ayudan a fortalecer las paredes de las venas, dice el doctor John Mauriello, director médico de la Clínica para Venas de Charlotte en Carolina del Norte.

Tome 500 miligramos de bioflavonoides dos veces al día. Los bioflavonoides, que son compuestos químicos que se encuentran en las bayas (moras) de color oscuro, tales como la cereza, el arándano y la zarzamora, ayudan a que las venas y los capilares se mantengan fuertes. También mejoran la absorción de vitamina C en su cuerpo, de modo que es mejor tomarlos junto con su suplemento de vitamina C, señala el doctor Mauriello. Usted puede adquirir suplementos de bioflavonoides en las tiendas de productos naturales.

Pruebe el rusco. En los ensayos clínicos, los extractos de rusco (*broom*) han demostrado ser eficaces en la constricción de venas problemáticas. Esto se debe, en gran medida, a que el rusco contiene una cantidad generosa de compuestos naturales similares a los esteroides llamados ruscogenina y neoruscogenina. Se cree que estos compuestos son eficaces para inhibir la inflamación y contraer los vasos sanguíneos, por lo que puede que tengan la capacidad de estrechar las venas varicosas hinchadas al fortalecer y constreñir las paredes de las venas. El rusco se usa interna y externamente y está disponible en las tiendas de productos naturales.

Tonifíquese las venas. El castaño de la India (*horse chestnut*) contiene un compuesto llamado escina, que ayuda a fortalecer las células de los capilares y a disminuir la filtración de fluidos. Cuando los capilares se hinchan y se empieza a filtrar la sangre y otros fluidos, pueden aparecer las venas varicosas. Por lo tanto, el fortalecimiento del tono de los capilares puede mejorar la apariencia de las venas varicosas.

Es mejor usar el castaño de la India como ingrediente de una fórmula más completa que incluye otras hierbas, dice Betzy Bancroft, profesionista miembro del Gremio de Herbolarios de los Estados Unidos. Busque fórmulas que contengan algo de castaño de la India. No tome castaño de la India durante el embarazo o la lactancia.

Prepare su propio "tónico" para las venas. Aunque es casi imposible revertir las venas varicosas una vez que han aparecido, esta fórmula hecha en casa puede evitar que empeoren, señala Bancroft. Usando tinturas herbarias, combine dos partes de *gingko* (biznaga), una parte de jengibre y una parte de canela. Tómese 30 gotas de la tintura, mezcladas con alguna otra bebida, como té, jugo o agua, tres veces al día, recomienda Bancroft. Tómese este remedio durante aproximadamente cuatro semanas y luego vuelva a evaluar su estado. (*Nota:* Usted puede conseguir tinturas de estas hierbas en tiendas de productos naturales. O, si desea, puede comprar estas hierbas secadas a granel y hacer sus propias tinturas en casa. Para aprender cómo preparar sus propias tinturas, véase la página 31.)

El *ginkgo* es altamente eficaz en el tratamiento de diversas afecciones de los vasos sanguíneos, dice Bancroft. El jengibre beneficia al sistema cardiovascular y además presenta la ventaja adicional de que le ayuda a bajar el colesterol. Todas las tinturas de estas hierbas se pueden conseguir en las tiendas de productos naturales.

Opciones médicas para desvanecer esas venas

Hay dos tratamientos médicos básicos disponibles para las venas varicosas: la escleroterapia (inyección) y la extirpación quirúrgica (*stripping*).

El último avance tanto en la escleroterapia como en la cirugía de venas es el uso de la tecnología de ondas de sonido, llamada imaginología dúplex de ultrasonido. El equipo de ultrasonido se usa para localizar las venas profundas con problemas y para guiar las inyecciones con precisión, dice el doctor Kanter. Y el ultrasonido es tanto indoloro como seguro.

La escleroterapia consiste en inyectar una solución dentro de la vena, causando que las paredes de la vena sean absorbidas por el cuerpo. No se necesita anestesia y "usted puede estar caminando y atendiendo sus asuntos inmediatamente después", dice el doctor David Green, un dermatólogo en el Centro de Venas Varicosas en Bethesda, Maryland. Unas cuantas semanas o meses después, la vena se seca y se vuelve un hilo invisible de tejido de cicatriz bajo la piel.

Si usted ha tenido venas varicosas grandes tratadas por escleroterapia, necesitará usar medias de compresión gradientes por hasta seis semanas después, dice el doctor Green. El costo oscila por lo general entre $100 y varios cientos de dólares, dependiendo del número de inyecciones que se necesiten. Pueden requerirse tratamientos múltiples si usted tiene varias venas afectadas.

¿Quién es candidata? Prácticamente cualquiera, siempre y cuando usted no esté embarazada y no tenga una historia de trastornos de obstrucción en la sangre, dice el doctor Green. Pero aunque el procedimiento es sencillo y efectivo, hay efectos secundarios potenciales. Si la solución se escapa de la vena, puede causar una úlcera en la piel. Y en hasta un 20 por ciento de los pacientes, aparece una línea color café sobre la piel, siguiendo el curso de la vena. En más del 90 por ciento de estos pacientes, la decoloración se desvanece completamente al pasar los meses o en un año o dos, dice el doctor Green.

Los láseres pueden eliminar la decoloración cuando son manejados por un médico experto en usarlos . Un estudio australiano mostró que 11 de 16 pacientes tratadas con la terapia de láser con vapor de cobre para la decoloración causada por la escleroterapia mejoraron significativamente después de tres meses.

La extirpación quirúrgica (*stripping*) se recomienda algunas veces para venas varicosas graves. Aunque algunas pacientes pueden someterse a la operación con anestesia local, la mayoría de los cirujanos prefieren una anestesia general ligera, dice el doctor Perry. Muchas pacientes se someten a la operación como pacientes externas, regresando a casa más tarde el mismo día. Las medias de compresión se usan por varias semanas o hasta por meses después de la operación.

A pesar de que las venas afectadas se extirpan completamente, no existe ningún riesgo para su circulación, porque otros vasos pueden fácilmente compensar la pérdida de las venas superficiales, dice el doctor Perry.

Aunque usualmente quedan algunas cicatrices como resultado de la cirugía, a menudo se pueden extirpar grandes longitudes de vena a través de varias incisiones minúsculas.

¿Cuáles son las ventajas de la cirugía? Muchos especialistas en venas dicen que incluso las venas varicosas grandes se pueden tratar efectivamente con escleroterapia. Pero algunos cirujanos vasculares hacen notar que hay un índice alto de reaparición con el tratamiento por inyecciones, y a menudo se requieren visitas múltiples si usted tiene muchas venas afectadas. Sin embargo, cuando se usa la imaginología de ultrasonido para ayudar a guiar la cirugía, los resultados preliminares muestran un índice de éxito más alto en menos visitas.

SEGUNDA PARTE

Rejuvenecedores al rescate
Las mejores opciones para renovarse en cuerpo y alma

AFIRMACIONES

Honores que usted merece

Algunos días, todo el mundo es muy criticón. Por ejemplo, nuestros maridos ("Ese vestido te queda horrible"); nuestras hijas ("Mami, ¡el arroz quedó malísimo!"); y también nuestros jefes ("Esa idea es atroz"). ¡Caramba! ¿Sería mucho pedir que se nos hiciera un halago de vez en cuando?

Bueno, en lugar de esperar que otra persona lo haga, ¿por qué no decir algo agradable acerca de usted a sí misma, o sea, decirse una afirmación? Estas son frases cortas y positivas acerca de usted, su vida y su mundo. Y los expertos dicen que el repetirlas diariamente puede desarrollar la autoestima, darle una impulsión estimulante de vitalidad y ayudarla a ver las cosas de una manera más optimista.

"Hay tanta negatividad a nuestro alrededor que después de un tiempo, ésta tiende a hundirla", dice Susan Jeffers, Ph.D., sicóloga de Tesuque, Nuevo México. "Las afirmaciones pueden ayudarla a vivir una vida más feliz y a disminuir el desorden negativo que empaña su propósito en la vida. Son unos estimulantes extraordinariamente potentes."

El poder del hablar en forma

Deténgase y escuche sus pensamientos por unos cuantos minutos. Si usted es como la mayoría de las mujeres, su voz interna es sumamente negativa. "Cada vez que alguien le hace un elogio, usted lo ahuyenta con un coro de abucheos", comenta la doctora Jeffers. "Por alguna razón, la 'cotorra' que tenemos en nuestras mentes simplemente no quiere aceptar el hecho de que nosotras tenemos cualidades positivas."

Las afirmaciones pueden contrarrestar esa potente voz interna negativa y con el tiempo reducirla a un susurro. Mientras más cosas positivas digamos —acerca de nuestros éxitos, nuestros sentimientos y nuestras ambiciones— menos tiempo tendremos para los pensamientos negativos. Aun cuando usted al principio no crea lo que está diciendo, la doctora Jeffers comenta que tarde o temprano los mensajes optimistas se filtrarán dentro de nuestro subconsciente y se volverán exactamente tan poderosos como alguna vez lo fueron los pensamientos negativos.

PALABRAS DE ÉXITO

¿Quiere ser fuerte, agresiva y exitosa? ¡Empiece a hablar como si lo fuera! "Mucho de lo que decimos a otras personas está lleno de palabras de dolor, frases como 'no puedo' o 'yo debería'", opina Susan Jeffers, Ph.D., una sicóloga en Tesuque, Nuevo México. "Si nosotras reemplazamos estas palabras de dolor con palabras de poder, realmente cambia nuestra actitud y punto de vista. Las palabras de poder son como afirmaciones que usted puede incluir dentro del hablar cotidiano, y usarlas todo el tiempo."

Preste atención a lo que usted dice por unos cuantos días, dice la doctora Jeffers. Si se oye a usted misma repetir frases de dolor como las que aparecen en la columna a la izquierda, trate de reemplazarlas con las frases de poder a la derecha.

Frases de dolor	Frases de poder
No puedo	No lo haré
Yo debería	Yo podría
Yo espero	Yo lo sé
Si acaso	La próxima vez
No es mi culpa	Soy responsable
Es un problema	Es una oportunidad
¿Qué haré?	Yo lo puedo manejar
La vida es una lucha	La vida es una aventura

Ahora bien, quizás usted piense que estamos exagerando. ¿Cómo puede ser que repetir una frase como "yo tengo éxito en todo lo que hago" realmente haga que usted tenga éxito?

"El poder de la sugestión es muy fuerte", dice Douglas Bloch, consejero con base en Portland, Oregon.

"Cuando usted dice algo en voz alta y lo repite, hace que ese pensamiento sea concreto. Usted empieza a creerlo y comienza a tomar acción de acuerdo a ello." En otras palabras, si usted dice que es una empresaria exitosa, probablemente empezará a actuar con mayor confianza, ímpetu y deseo. Por lo tanto, probablemente tendrá más éxito.

Si usted duda de la fuerza del optimismo, considere este estudio. Los investigadores de la Universidad de Pensilvania en Filadelfia revisaron los discursos de las campañas de todos los candidatos importantes para presidente de los Estados Unidos entre 1948 y 1984. ¿El resultado? Los políticos que consistentemente dieron los discursos más positivos y basados en la acción durante la campaña ganaron nueve de las diez elecciones. Los candidatos que se retorcían las manos con nerviosismo y rumiaban los temas —¿está escuchando, Jimmy Carter?— fueron derrotados.

"Es la actitud", dice la doctora Jeffers. "Cuando nos decimos a nosotras mismas que vamos a fracasar, que va a ser una lucha, nos estamos preparando para el fracaso. Pero cuando nos decimos que vamos a resolver cualquier cosa que pase en nuestras vidas, ganamos fuerza interna. Y nos preparamos para el éxito."

Las afirmaciones también son excelentes para eliminar el estrés. "Usted debería tener una lista de afirmaciones a mano que pueda empezar a repetir cuando se sienta tensa", sugiere el doctor Emmett Miller, experto en estrés reconocido nacionalmente y director médico del Centro de Apoyo y Educación del Cáncer, en Menlo Park, California. "No tienen que ser complicadas. Solamente pensar para usted misma 'yo puedo manejar esto' o 'yo sé más acerca de esto que cualquier otra persona aquí' funcionará. Esto la aleja del reflejo instintivo al estrés —el respirar rápido, las manos frías— y la lleva hacia la reacción razonada, el intelecto, la parte de usted que realmente puede manejarlo."

Felicítese

Antes de empezar a usar las afirmaciones, debe tener dos cosas. La primera es la paciencia. "Puede tomar algo de tiempo superar todo la negatividad que usted ha formado", dice la doctora Jeffers. "Algunos de los efectos de las afirmaciones son inmediatos; se empezará a sentir un poco más optimista enseguida. Pero solamente con la repetición usted puede construir un sistema de pensamientos internos que le durará toda la vida."

La segunda cosa que usted necesita, por supuesto, son las afirmaciones. Aquí hay algunas sugerencias sobre cómo crearlas y usarlas.

Guárdelas como cosa personal. Las afirmaciones son para usted y para usted solamente. Así que examine su vida en búsqueda de las áreas que podrían mejorarse. ¿Quiere tener más confianza en sí misma? ¿Quisiera estar menos enojada? ¿Quiere llevarse mejor con sus compañeros de trabajo? Escoja una o dos metas para empezar, dice la doctora Jeffers, y anote el resto para intentarlas después.

Hágalas cortas y positivas. Probablemente decidió que una de sus metas es dejar de preocuparse tanto. Ponga sus pensamientos en forma positiva, manifieste su afirmación en una frase y fórmela siempre en el tiempo presente para hacerla más inmediata. "Yo me relajo y confío" o "todo está funcionando perfectamente bien" pueden funcionar para usted. Trate de repetir sus afirmaciones unas cuantas veces para ver si funcionan. "Si funcionan, usted puede sentir cómo la tensión se escapa inmediatamente", dice la doctora Jeffers.

Escoja afirmaciones que manifiestan lo positivo, dice la doctora Jeffers. Estas son mejores que las frases que niegan algo negativo. Por ejemplo, diga, "yo estoy creando una carrera exitosa" en lugar de "yo no voy a arruinar mi carrera."

Sea realista. Las afirmaciones son herramientas para ayudarla a alcanzar sus metas. No son encantos mágicos, así que no espere milagros instantáneos. "Hay una diferencia mínima entre el pensamiento positivo y el pensamiento anhelante", dice Bloch. Usted probablemente tendrá el mayor éxito si escoge afirmaciones que tienen que ver con las emociones, la confianza y la autoestima. Trate de evitar las afirmaciones que tienen que ver solamente con los bienes materiales. "Probablemente no va a funcionar si usted sigue repitiendo 'ahora estoy conduciendo un precioso carro deportivo rojo'", dice Bloch.

Eso no quiere decir que eventualmente no tendrá su carro soñado. Si usted usa las afirmaciones correctamente, Bloch dice que pueden ayudar. Una afirmación como "yo tengo confianza en mí misma y soy exitosa" puede llevar a otra como "yo estoy lista para encontrar un empleo importante" y, a lo mejor, a una conversación real como por ejemplo, "me llevaré ese carro deportivo ahora, señor vendedor, y que sea rojo."

Repita, repita, repita. Diga sus afirmaciones diariamente. La doctora Jeffers sugiere por lo menos 20 a 30 repeticiones por día. Y asegúrese de que las dice en voz alta. "Hay algo con respecto a oírlas que las hace más poderosas", dice la doctora Jeffers. Es una buena idea apartar regularmente ciertas horas del día para decirlas, y entonces agregue más cuando sea necesario.

Si siente la necesidad de decir afirmaciones en un lugar público, está bien decírselas mentalmente a sí misma, según la doctora Jeffers.

Póngalas una y otra vez. Además de sus repeticiones orales diarias, pruebe grabar sus afirmaciones en un cassette. La doctora Jeffers sugiere ponerlas cuando se deja llevar por el sueño y otra vez enseguida después que se despierta. "Esos son momentos cuando existe una mayor probabilidad de que usted absorba el mensaje", afirma ella. Otros momentos buenos: cuando está haciendo ejercicio, cuando está paseando al perro y mientras está preparando la cena. Si a usted no le gusta el sonido de su voz sin acompañamiento, ponga alguna música relajante de fondo cuando esté grabando sus afirmaciones.

Sorpréndase a usted misma. Esconda recordatorios en los lugares más inesperados. Escriba sus afirmaciones en días elegidos al azar en su agenda de citas. Póngalas en un marcador para libros dentro de una novela favorita. Péguelas abajo del lavabo en el baño para que las encuentre cuando esté limpiando. "Ver sus afirmaciones en lugares extraños en momentos inesperados es una forma excelente de reforzar el mensaje", dice la doctora Jeffers. "Es una sacudida de energía positiva."

Explore lo espiritual. Las afirmaciones funcionan mejor cuando usted menciona un poder superior, dice Bloch. "Nosotros obtenemos energía de la sensación que no estamos solos. Es confortante y liberador pedir guía espiritual", dice él.

Pruebe una afirmación

DECIR SÍ A SÍ MISMA

Por lo regular las afirmaciones funcionan mejor si las adapta a sus necesidades. Pero si usted recién empieza, los expertos sugieren que primero trate de usar algunas de estas frases:

Yo estoy llena de potencial.

Yo puedo manejarlo.

Yo siento que me estoy haciendo más fuerte.

Todo está sucediendo perfectamente bien.

No hay nada que temer.

Yo tengo confianza y estoy segura de mí misma.

Yo merezco ser feliz.

Yo me perdono a mí misma y a otros.

Me acepto como soy.

Mis plegarias siempre son atendidas.

como "yo soy verdaderamente afortunada" o "donde yo estoy está Dios". Incluso usted puede usar versos de la Biblia como afirmaciones: "Jehová es mi pastor; nada me faltará". Si las referencias religiosas la ponen incómoda, pruebe mirar hacia dentro, hacia lo que la doctora Jeffers llama su "yo superior". Ella sugiere afirmaciones como "yo confío en mi misma" o "yo soy parte del universo". Ella explica "usted no tiene que creer que existe un Dios. Sólo tiene que creer que puede alcanzar un punto más alto en su vida a través de la reflexión y la confianza."

Persevere. Las afirmaciones son un compromiso a largo plazo. Siga usándolas aunque las cosas vayan bien. "Por lo contrario, se encontrará que cae en hábitos que la hunden", apunta la doctora Jeffers. "Puede haber mucha negatividad en el mundo, pero el uso apropiado de las afirmaciones nos ayuda a ver la oportunidad de desenvolvimiento personal en todas las cosas."

ALIMENTOS BAJOS EN GRASA

Comidas que crean cuerpazos

No importa lo que dicen todos los libros de dieta. Por lo general, la ciencia nos indica que en la persona común el exceso de grasa corporal proviene del exceso de grasa dietética que consume. Y las medidas esenciales para quemar este exceso de grasa son las mismas: hacer ejercicio (preferiblemente del tipo aeróbico) y reducir la cantidad de grasa que uno consume.

Desafortunadamente, del dicho al hecho sí hay un buen trecho. El supermercado, los restaurantes y nuestra propia cocina nos tientan con sus deleites altos en grasa y muchas veces es difícil resistir. Pero no tenemos que —y no podemos— darnos por vencidas en esta guerra contra la grasa. Está probado que reducir la grasa en la dieta es clave para perder peso y

SUS METAS PERSONALES

Esta tabla le muestra el número máximo de gramos de grasa que debería consumir por día tanto para asegurarse de que no está consumiendo más del 20 por ciento de sus calorías totales de la grasa como para mantener su peso actual. Si usted está tratando de perder peso, concéntrese en el límite de grasa para el peso al cual quiere llegar.

Su peso (lb.)/(kg)	Consumo de calorías	Límite de grasa (g)
110/50	1,300	29
120/55	1,400	31
130/59	1,600	35
140/64	1,700	38
150/68	1,800	40
160/73	1,900	42
170/77	2,000	44
180/82	2,200	48

por consiguiente protegernos contra las enfermedades que más afectan a nosotras y a nuestras familias, entre ellas la diabetes, los derrames cerebrales y las enfermedades cardíacas. Además, menos grasa resulta en una mejor digestión, más autoestima cuando perdemos peso y más energía en general.

Muy bien, pero aún no hemos brincado el trecho. No se preocupe, no es tan difícil como parece. Con sólo unos cuantos cambios en lo que compra y la manera en que cocina, hay mucho que usted puede hacer para vencer en esta guerra antigrasa. A continuación ofrecemos los consejos de los expertos en la materia.

Consejos para cortar la grasa

Evite ingredientes adicionales. Muchos de los alimentos que comemos son naturalmente bajos en grasa hasta que nosotras les agregamos esos ingredientes extras tales como la mantequilla, los aliños (aderezos) y las cremas. Su programa de reducción de grasas puede comenzar al usar menos condimentos y aderezos grasosos. Por ejemplo, si usa sólo una cucharada de mermelada en su pan tostado de la mañana en lugar de mantequilla, se ahorrará 100 calorías de grasa. O trate de usar mostaza en sus sándwiches en lugar de mayonesa. "En el transcurso de un año, eso tendrá un impacto significativo", dice Susan Kayman, R.D., una dietista de Oakland, California.

Sazónelo. Añada hierbas, especias, o jugo de tomate o limón para reavivar a los alimentos que contienen poco sabor sin agregar grasa, dice Diane Grabowski, R.D., dietista de Santa Mónica, California.

Opte por el queso bajo en grasa. El queso es uno de las fuentes más comunes de grasa dietética para la mujer, dice el investigador Wayne Miller, Ph.D., director de la Clínica de Pérdida de Peso en la Universidad de Indiana, en Bloomington. La mayoría de los quesos tienen un promedio del 66 por ciento de calorías de la grasa, pero algunos alcanzan incluso hasta el 80 por ciento. Por lo general usted puede distinguir las variedades altas y bajas en grasa por su color, afirma el doctor Miller; los quesos blancos como el *mozzarella*, el suizo, el *ricotta* y el parmesano son más bajos en grasa que los quesos amarillos como el *cheddar* y el americano.

Redúzcala en la leche. Es posible que cambiar de leche entera a la del 1 por ciento reduzca considerablemente su consumo de grasa: la leche de 1 por ciento obtiene el 23 por ciento de sus calorías de la grasa mientras que la leche entera obtiene el 48 por ciento. Para lograr los mejores resultados, opte por la leche descremada; prácticamente no contiene grasa. Si usted tiene problemas en acostumbrarse al sabor de la leche descremada o de la leche baja en grasa, el doctor Miller sugiere que haga la transición lentamente, combinándola con leche entera normal y aumentando gradualmente la cantidad de leche descremada o la que está al 1 por ciento en la mezcla.

Pruebe las versiones bajas en grasa de sus comidas favoritas. "Es más difícil resolver a abandonar completamente la costumbre del helado de crema que simplemente cambiarlo por las variedades bajas en grasa o por el yogur helado bajo en grasa", dice la doctora Kayman. Hoy en día, con todos los productos especiales bajos en grasa y sin grasa disponibles, encontrar alternativas saludables a sus alimentos favoritos es más fácil de lo que jamás lo ha sido. Sólo tiene que buscar en su tienda de víveres los productos señalados "*low fat*". Un estudio indicó que sustituir los productos sin grasa en sólo siete categorías (queso crema, crema agria, aliño (aderezo) para ensaladas, postres congelados, queso procesado, dulces horneados y requesón) reduce el consumo diario de grasa en un 14 por ciento.

Consuma carnes más magras. La carne roja sí tiene su lugar en una dieta baja en grasa si usted escoge correctamente y la come sólo dos o tres veces por semana, dice Dodd. Sus mejores opciones incluyen cortes como el *London broil* (bistec asado y cortado en lascas finas), bistec tipo *eye of round* y bistec *sirloin tip*, los cuales obtienen menos del 40 por ciento de sus calorías de la grasa. Mantenga sus porciones en aproximadamente 3 a 4 onzas (85 a 115 g), el tamaño de una baraja. Recórteles la grasa visible antes de cocinarlas y prepárelas para asar a la parrilla o al horno. (Si usted vive en Latinoamérica, para conseguir estos cortes de carne usted tendrá que ir a una carnicería que se especializa en cortes estadounidenses. Si no hay una que le queda cerca, pida cortes del lomo, la parte más magra del res, cerdo o cordero.)

Evite freír para reducir. Al consumir menos alimentos fritos, usted eliminará mucha de la grasa de su dieta. Cocinar cualquier cosa en aceite, aun la carne magra de aves, aumenta su contenido de grasa considerablemente, dice el doctor Miller.

En su libro *Salud y sazón*, el *chef* Steven Raichlen recomienda hornear ciertos alimentos después de untarles un poco de aceite. Él le llama a esta técnica "freír al horno", y dice que funciona para platos como tostones, totopos (nachos), bacalaítos, y diversas empanadas. Fundamentalmente se trata de precalentar el horno a 400°F (206°C) por unos

(continúa en la página 79)

ALIADOS ALIMENTICIOS PARA FORJAR SU FIGURA

Esta guía básica le dará una idea de las comidas que usted debería ingerir si quiere tener una alimentación baja en grasa. Además, muestra cuántos gramos de grasa contiene cada una.

Alimento	Porción	Grasa (g)	Alimento	Porción	Grasa (g)
Pan y cereales			**Pollo y pavo**		
Italiano	1 rebanada	0.0	Pechuga, sin piel, asada al horno	3½ onzas (99 g)	3.5
Grano mixto	1 rebanada	0.9			
Centeno	1 rebanada	0.9			
Blanco	1 rebanada	1.0	Muslo, sin piel, asado al horno	1 pequeño	5.7
Tortilla (de maíz)	1	1.1			
Trigo integral	1 rebanada	1.1	Pechuga, con piel, asada al horno	3½ onzas	7.8
Salvado de avena	1 rebanada	1.2			
Francés	1 rebanada	1.4	Pernil, sin piel, asada al horno	3½ onzas	8.0
Hojuelas de maíz	1 taza	0.1			
Arroz inflado	1 taza	0.1			
Trigo inflado	1 taza	0.1	Pernil, sin piel, estofada	3½ onzas	8.1
Hojuelas de salvado	1 taza	0.7			
Germen de trigo, tostado	1 cda.	0.8	Pechuga de pavo, sin piel, asada al horno	3½ onzas	0.7
Salvado con pasas	1 taza	1.0			
Cuadrados de salvado	1 taza	1.4	Carne oscura de pavo, sin piel	3 onzas (85 g)	7.2
Avena, instantánea	1 paquete	1.7			

(continúa)

Alimento	Porción	Grasa (g)	Alimento	Porción	Grasa (g)
Postres			Leche descremada	1 taza	0.4
Gelatina	½ taza	0.0	Sustituto de crema no lácteo	1 cda.	1.0
Barra de higo	1	1.0	Leche baja en grasa, 1%	1 taza	2.6
Yogur con sabor a fruta	½ taza	1.0	Crema agria, imitación	1 cda.	2.6
Pudín de vainilla, sin azúcar, leche 2%	½ taza	1.2	Crema, baja en grasa	1 cda.	2.9
Pudín de chocolate, sin azúcar, leche 2%	½ taza	1.9	Crema agria, cultivada	1 cda.	3.0
Sorbete de naranja	½ taza	1.9	Leche baja en grasa, 2%	1 taza	0.7
Magdalena (*cupcake*), sin glaseado	1	3.0	Crema, espesa, para batir	1 cda.	5.5
Pudín de chocolate	½ taza	4.0	Leche entera	1 taza	8.2
Pudín de *tapioca*	½ taza	4.0	Queso azul	1 onza	8.1
Pudín de arroz con pasas	½ taza	4.1	Queso americano	1 onza	8.9
Vainilla, helado de crema	½ taza	7.2	Requesón, 1% de grasa	½ taza	1.2
Productos lácteos			Queso parmesano, molido	1 cda.	1.5
Leche, evaporada, descremada	½ taza	0.3	Queso suizo, de dieta	1 onza	2.0
			Queso *mozzarella*, de leche descremada	1 onza	4.5

(continúa)

ALIADOS ALIMENTICIOS——CONTINUACIÓN

Alimento	Porción	Grasa (g)	Alimento	Porción	Grasa (g)
Pescado			Albaricoque (chabacano, damasco)	2 pequeños	0.3
Anchoa, filete, enlatado	1	0.4	Uvas	12	0.3
Atún, claro, enlatado en agua	3½ onzas (99 g)	0.5	Kiwi	1 mediano	0.3
Bacalao, cocido	3½ onzas	0.9	Cantaloup, en cubos	1 taza	0.4
Abadejo, cocido	3½ onzas	0.9	Pasas	½ taza	0.4
Platija, asado a la parrilla	3½ onzas	1.5	Manzana, sin pelar	1 mediana	0.5
Lenguado, asado a la parrilla	3½ onzas	1.5	Plátano (guineo) amarillo	1 mediano	0.6
Hipogloso (halibut), asado a la parrilla	3½ onzas	2.9	Arándanos (azules)	1 taza	0.6
			Mango	1 mediano	0.6
Trucha arcoiris, cocida	3½ onzas	4.3	Nectarina	1 mediana	0.6
			Fresas	1 taza	0.6
Pez espada, cocido	3½ onzas	5.1	Piña (ananá), en trozos	1 taza	0.7
			Sandía, en trozos	1 taza	0.7
Frutas			Cerezas	12	0.8
Ciruelos	2 pequeñas	0.0	**Salsas**		
Toronja	½ mediana	0.1	Salsa de chile	¼ taza	0.0
Melocotón (durazno)	1 mediano	0.1	Salsa de tomate, enlatada	¼ taza	0.1
Naranja	1 mediana	0.2			
Papaya (lechosa, fruta bomba), en rebanadas	1 taza	0.2	Salsa de barbacoa	¼ taza	1.2

(continúa)

Alimento	Porción	Grasa (g)	Alimento	Porción	Grasa (g)
Salsa para tacos	¼ taza	1.4	Jamón, extra magro	3½ onzas	5.5
Salsa para espaguetis, enlatada	¼ taza	3.0	Ternera para asar, hombros y brazo, magros	3½ onzas	5.8
Legumbres y frijoles (habichuelas)			Chuleta de cordero, costilla, magra, asada a la parrilla	1 onza	7.4
Habas blancas (Lima beans)	1 taza	0.5			
Lentejas, hervidas	1 taza	0.7	Pierna de cordero, magra, asada al horno	3½ onzas	7.7
Frijoles colorados, enlatados	1 taza	1.0	Jamón, para asar, magro	3½ onzas	8.9
Chícharos (guisantes) partidos, secos, cocidos	1 taza	1.0	Rosbif, cadera (cuadril), magro	3½ onzas	9.6
Frijoles pintos, hervidos	1 taza	1.2	Res para estofado, brazo	3½ onzas	9.9
Frijoles blancos, hervidos	1 taza	1.2	**Aceites y grasas**		
Frijoles refritos	1 taza	2.7	Mayonesa baja en calorías	1 cdta.	1.3
Garbanzos, enlatados	1 taza	4.6	Margarina, de dieta, maíz	1 cdta.	1.9
Carnes			Mantequilla batida	1 cdta.	2.4
Tocino canadiense	1 rebanada	2.0	Margarina batida	1 cdta.	2.7
Lomo de puerco para asar, magro	3½ onzas (99 g)	4.8	Mayonesa regular	1 cdta.	3.7

(continúa)

ALIADOS ALIMENTICIOS—CONTINUACIÓN

Alimento	Porción	Grasa (g)
Mantequilla regular	1 cdta.	3.8
Margarina en barra, maíz	1 cdta.	3.8

Pastas y cereales

Alimento	Porción	Grasa (g)
Aceite de oliva	1 cdta.	4.5
Aceite vegetal	1 cdta.	4.5
Arroz blanco, cocido	1 taza	0.0
Macarrones, trigo integral, cocidos	1 taza	0.8
Espaguetis, cocidos	1 taza	1.0
Arroz integral, cocido	1 taza	1.8
Arroz español	1 taza	4.2

Mariscos

Alimento	Porción	Grasa (g)
Camarón, cocido	3½ onzas	1.1
Escalopes (vieiras), al vapor	3½ onzas	1.4
Almejas, cocidas	3½ onzas	5.8

Verduras

Alimento	Porción	Grasa (g)
Zanahoria, cruda	1 mediana	0.1
Apio	1 tallo	0.1
Lechuga romana, cortada en tiras	1 taza	0.1
Batata dulce (camote), horneado	1 mediano	0.1
Acelga suiza, hervida	1 taza	0.1
Calabacín, hervido	1 taza	0.1
Coliflor, cruda	1 taza	0.2
Papa, asada, pelada	1 mediana	0.2
Espinacas, crudas, picadas	1 taza	0.2
Champiñones (hongos), crudos	1 taza	0.3
Tomate	1 mediano	0.3
Brócoli, hervido	1 taza	0.4
Col (repollo), hervido	1 taza	0.4
Espárragos, hervidos	1 taza	0.6
Col de Bruselas, hervido	1 taza	0.8
Maíz, fresco, hervido	1 mazorca pequeña	1.0
Papas fritas, congeladas	10	4.4

cuántos minutos y luego hornear el alimento por 20 ó 25 minutos, según lo que uno esté cocinando.

Otros trucos que él recomienda es asar alimentos a la parrilla. Raichlen afirma que los platillos como maduros, masitas de puerco, bistec a la criolla, pollo pibil y churrascos, por mencionar unos pocos, quedan ricos —y con mucho menos grasa— preparados de esta manera.

Por último, si quiere freír de todos modos, el *chef* sugiere usar aceite en aerosol (*no-stick cooking spray*) con una sartén antiadherente (*no-stick frying pan*). Al usar aceite en aerosol, estará sólo rociando la sartén en vez de llenar la sartén entera, lo cual reduce muchísmo la cantidad de grasa adicional en los platillos. Además, con la sartén antiadherente, no se pegan los alimentos y no tiene que usar tanto aceite para evitar ese problema.

Despelleje las aves. El pollo y el pavo ya son alternativas más magras a las carnes de res y de puerco, dice Grabowski, pero usted puede hacerlas aún más magras si les quita la piel antes de comerlas.

Dome su deseo por dulces. Muchos alimentos azucarados también son altos en grasa. Una barra de chocolate, por ejemplo, obtiene la mayoría de sus calorías de la grasa, dice la doctora Natow. A menudo los antojos de dulces son realmente antojos de grasa disfrazados. Si usted quiere algo dulce, trate de comer alguna fruta fresca o un tazón (bol) de cereal azucarado para desayunar con leche baja en grasa, dice ella. O cuando esté cocinando, use cocoa, que tiene mucha menos grasa que el chocolate usado para hornear.

Lleve un diario de los alimentos. Consígase una guía para contar la grasa y las calorías (se puede conseguir en las librerías y los supermercados) y lleve un registro de toda la comida que come durante unos tres días, dice Ron Goor, Ph.D., ex coordinador del Programa Nacional de Educación sobre el Colesterol. Esto mejorará su conciencia más sobre lo que come y aumentará la probabilidad de que piense en alternativas bajas en grasa. Además, en unos meses, le dará una manera de medir su progreso.

Lea las etiquetas. La mayoría de los alimentos empaquetados enumeran sus contenidos de grasa por porción. A lo largo del día, usted necesita llevar una cuenta de estos números y mantener un ojo en los tamaños de las porciones, que a menudo son tan pequeñas que no son realistas. Por ejemplo, la lista de grasa en una caja de *Oreos* es para una galletita. Si usted se come seis en una sentada, asegúrese de multiplicar por el número correspondiente.

ANTIOXIDANTES

Defensores dietéticos contra el envejecimiento

Usted compra una encantadora casa de dos pisos. La pinta, la decora y la hace especial. Pero sin que usted lo sepa, a su casa se ha mudado otra familia: una colonia de termes.

Mientras que usted está gozando de su dicha doméstica, estos invasores furtivos en forma lenta pero segura, están destruyendo su hogar feliz. Cuando usted por fin se da cuenta, el daño ya está hecho. Las tablas del piso se están rajando, los cimientos se están desmoronando y su casa se está inclinando como la Torre de Pisa. Es hora de llamar a un fumigador y quizás a un contratista.

Fundamentalmente, el mismo proceso ocurre mientras que su cuerpo envejece.

Los invasores no son insectos voraces y repulsivos sino moléculas dañinas llamadas radicales libres. Estas sustancias merodeadoras andan por su cuerpo buscando células saludables. Una vez que encuentran algo a lo que pueden adherirse y destruir, se multiplican, causando un efecto dominó.

Afortunadamente, usted puede contar con unos fumigadores naturales para salvar a su cuerpo de estos merodeadores microscópicos. Resulta que ciertos nutrientes han mostrado su capacidad de parar en seco a estos radicales libres. A estos nutrientes rejuvenecedores —vitaminas C y E y betacaroteno— se les llama antioxidantes.

Oxígeno: la raíz del problema

Es una de las ironías más grandes. El oxígeno, ese elemento glorioso que llena nuestros pulmones y nos mantiene vivos, está involucrado en un proceso que nos puede perjudicar seriamente.

Para obtener la energía que necesitan, las células del cuerpo usan el oxígeno para quemar combustibles tales como la glucosa (el azúcar sanguínea) y, durante este proceso, es posible que algunas moléculas de oxígeno pierdan un electrón. Tal molécula es ahora un radical libre, completamente decidido a reemplazar el electrón perdido al asaltar otras moléculas que forman la célula.

Al robarle un electrón, este radical libre ladrón transforma a la molécula desprevenida en un nuevo radical libre. "Pronto, una reacción en cadena de robo de electrones empieza, la cual puede producir un daño difundido a la composición química y función de la célula", dice el doctor Denham Harman, Ph.D., profesor de bioquímica de la Universidad de Nebraska en Omaha. "Este proceso de oxidación bioquímica no es muy diferente al proceso por medio del cual una pieza de metal brillante se convierte en herrumbre."

La piel arrugada, los músculos encogidos y los huesos débiles (algunas de las señales de volverse vieja que una mujer más teme) podrían ser debido en parte a este proceso destructivo de oxidación, la suma de millones de reacciones continuas de los radicales libres.

Antioxidantes al rescate

Ahora bien, su cuerpo no está completamente indefenso cuando los radicales libres se ponen en pie de guerra. De hecho, su cuerpo empieza a producir ciertas enzimas para combatir a los invasores radicales libres. El problema es que simplemente no produce suficiente como para detenerlos a todos. Necesita auxilio del exterior, y rápidamente.

Entran los antioxidantes dietéticos, los "barrenderos" nutritivos que patrullan nuestros cuerpos buscando radicales libres, atacando a las partículas ofensivas. "Debido a sus estructuras moleculares únicas, los antioxidantes pueden ceder uno o más de sus electrones a los radicales libres sin volverse dañinos ellos mismos", dice Balz Frei, Ph.D., profesor adjunto de medicina y bioquímica de la Universidad de Boston. "Estos, en realidad, vuelven indefensos a los radicales libres y atajan la reacción en cadena destructiva antes de que el daño ocurra o se propague."

La mayoría de los investigadores han enfocado su atención en tres nutrientes antioxidantes: la vitamina C, la vitamina E y el betacaroteno, una sustancia que el cuerpo convierte en vitamina A. Estudio tras estudio ha mostrado que altas dosis de cada uno de estos nutrientes resulta en menos ocurrencias de muchas enfermedades crónicas.

Por ejemplo, los científicos han notado una relación entre los antioxidantes y la incidencia de cataratas. Paul F. Jacques, Sc.D., epidemiólogo la Universidad de Tufts de Boston, observó que el riesgo de desarrollar cataratas era cinco veces más alto en áquellos con "niveles bajos de todo tipo de caroteno, incluyendo el betacaroteno" en la sangre.

También existen pruebas crecientes de que los antioxidantes pueden ser asimismo nuestra mejor fuente de protección contra el cáncer. La epidemióloga de cáncer Gladys Block, Ph.D., profesora de nutrición en la Universidad de California, Berkeley, dice que sus investigaciones indican que la vitamina E y el betacaroteno pueden protegernos contra los cánceres del pulmón y del estómago. Ella también nota que la vitamina C dietética presente en frutas y verduras ofrece protección contra el cáncer de mama y que, igual que la vitamina E, puede cuidarnos contra el cáncer del cuello del útero (cérvix).

¿Cuánto necesitamos?

El Valor Diario (*DV* por sus siglas en ingles) representa la cantidad de cada nutriente que necesitamos consumir diariamente para satisfacer nuestras necesidades básicas de salud, y para prevenir las enfermedades por deficiencia. Estas cantidades son iguales para todos los adultos y hasta niños que tienen más de cuatro años. El DV de vitamina C es 60 mg y para la vitamina E el DV es 30 unidades internacionales (*IU* por sus siglas en inglés). El betacaroteno no tiene DV, pero los expertos recomiendan que se consuma entre 15 y 20 mg de fuentes alimenticias y menos de 6 mg de los suplementos.

Una dieta balanceada que consista de una amplia variedad de frutas y verduras es la mejor forma de garantizar que usted consuma los DV de los antioxidantes.

Por ejemplo, con comer una sola naranja (china), usted ya disfrutó del 117 por ciento del Valor Diario. Es un poco más difícil ingerir el DV de la vitamina E, ya que ésta se encuentra principalmente en los aceites de cocinar. Quizás la mejor forma de obtener la vitamina E de las comidas es comer germen de trigo (*wheat germ*) o agregar éste a panecillos o pan de carne. Una porción de germen de trigo contiene 5 IU de vitamina E, casi el 17 por ciento del DV. También puede obtener cantidades más pequeñas de la vitamina E de semillas de girasol, almendras, cereales de trigo integral (*whole wheat*) y espinaca. En cuanto al betacaroteno, una de las mejores fuentes alimenticias es la batata dulce (camote, *sweet potato*). Tan sólo 4 onzas (120 g) contiene 14 miligramos, casi la cantidad mínima que se recomienda.

Bueno, todo esto está bien para la salud básica, pero para poder lograr el tipo de resultados para combatir enfermedades que se han visto en los estudios científicos, usted necesita sobrepasar los DV y las cantidades recomendadas actuales un poco. Aun la más saludable de las alimentaciones

UN JARDÍN LLENO DE DELEITES

Mucha de la protección antioxidante viene de los alimentos que a usted ya le gustan y come. "Una buena regla general es comer una rica variedad de frutas y verduras", dice Diane Grabowski, R.D., educadora en nutrición del Centro de Longevidad Pritikin, en Santa Mónica, California. "En general, las de color verde oscuro con colores más vibrantes tienen el contenido más alto de antioxidantes." Aquí están algunas de las mejores fuentes disponibles.

Fuentes de vitamina C

Alimento	Porción	Vitamina C (mg)
Jugo de naranja, fresco	1 taza	124
Brócoli, fresco, hervido	1 taza	116
Col de Bruselas, fresco, cocido	1 taza	97
Pimientos (ajíes) rojos, crudos	½ taza	95
Cantaloup, en cubitos	1 taza	68

Fuentes de vitamina E

Alimento	Porción	Vitamina E (IU*)
Semillas de girasol, secas	¼ taza	26.8
Batata dulce (camote), hervido	1 taza	22.3
Col rizada, fresca, hervida	1 taza	14.9
Ñame, hervido o asado	1 taza	8.9
Espinaca, hervida	1 taza	5.9

Fuentes de betacaroteno

Alimento	Porción	Betacaroteno (mg)
Batata dulce (camote), asado	1	14.9
Zanahoria, cruda	1	12.2
Espinaca, hervida	½ taza	4.4
Atún fresco, cocido, al calor seco	3 onzas (85 g)	3.9
Cantaloup, en cubos	1 taza	3.1
Hojas de remolacha, hervida	½ taza	2.2

*Unidades internacionales

no alcanza a proporcionar la misma cantidad de antioxidantes usados en los experimentos de laboratorio.

Allí es donde los suplementos vitamínicos pueden desempeñar un papel. Un suplemento puede asegurarle la máxima protección antioxidante así como corregir cualquier deficiencia en su dieta. Pero tragarse una tableta de vitaminas por sí sola no es la solución al problema. "Estos nutrientes no son curas mágicas y funcionan mejor en combinación con comer alimentos bajos en grasa y altos en fibra", dice Jeffrey Blumberg, Ph.D., profesor de nutrición de la Universidad de Tufts en Boston.

Se están llevando a cabo más investigaciones para determinar la forma y cantidad exacta de los antioxidantes necesarios para la salud óptima y para proteger contra las enfermedades. Por el momento, la mayoría de los investigadores creen que podemos protegernos mejor por nosotras mismas con una combinación de dieta y suplementos. El doctor Blumberg sugiere que usted trate de obtener todas o tantas como sea posible de los DV para cada antioxidante en los alimentos que usted come. Para protección adicional, él sugiere tomar suplementos diarios que contengan 6 mg de betacaroteno, entre 100 and 400 IU of vitamin E y entre 500 y 1,000 miligramos de vitamina C.

Cómo derrotar este ejército molecular

Véase a continuación la manera en que las mujeres pueden hacer que los antioxidantes funcionen mejor y prevengan los efectos dañinos de los radicales libres.

Consuma menos calorías. La digestión requiere mucho oxígeno. Mientras más calorías ingerimos más oxígeno se requiere y mayores serán las oportunidades para la formación de radicales libres. Al reducir las cantidades que comemos, podemos disminuir nuestro riesgo de daño por oxidación, dice el doctor Harman. Eso no quiere decir que usted debería pasar hambre o hacer algo para reducir su consumo de nutrientes esenciales, advierte él. En su lugar, concéntrese en reducir esas calorías no esenciales de su dieta, tales como postres, dulces y refrescos.

Viva del aire. Los radicales libres también se generan en el medio ambiente por las sustancias químicas industriales, metales pesados, gases, escape de los carros, aire acondicionado y otros contaminantes del aire. Mientras que nosotros no podemos escaparnos de todos estos contaminantes producidos por el hombre, cualquier cosa que limite nuestra exposición a ellos es benéfica, dice el doctor Harman. Por ejemplo, si usted trabaja en una fábrica o en una oficina, puede salir a caminar a la hora del almuerzo para escapar brevemente de las impurezas que pueden estar circulando alrededor de su lugar de trabajo. Abra las ventanas. O use un dispositivo comercial para purificar el aire.

Dígales ciaocito a los cigarillos. El humo de los cigarrillos aporta cantidades enormes de radicales libres con cada fumada. Los antioxidantes pueden prevenir mucho del daño oxidante causado por fumar, dice el doctor Frei. Pero si usted evita el hábito en primer lugar, esos antioxidantes estarán disponibles para combatir los radicales libres en otras partes del cuerpo.

No haga ejercicio en exceso. Cuando se trata de ejercicio, acuérdese de que hay que entrenarse sin lesionarse. Tan benéfico como es el ejercicio para nuestra salud, el oxígeno adicional que inhalamos siempre que hacemos ejercicio somete a los músculos y otros tejidos a un daño adicional de oxidación. El forzar al cuerpo más allá de sus límites puede llevar a una sobreproducción de radicales libres y eso puede tener un efecto devastador en la forma en que usted se ve y se siente. "Tal vez ésta sea la razón por la cual los atletas que se sobreentrenan, encuentran que su desempeño sufre o se enferman", dice Robert R. Jenkins, Ph.D., profesor de biología de la Universidad de Ithaca en Nueva York.

¿Significa esto que usted no debería hacer ejercicio? ¡No! La mayoría de los médicos y científicos cree que cualquier daño oxidante causado por el ejercicio normal es mínimo y que éste se compensa con los beneficios adicionales que aporta el ejercicio. Según un estudio de corredores de resistencia, el ejercicio regular que no agota aumenta los niveles de algunas enzimas antioxidantes en la sangre. Y un estudio realizado en la Escuela de Medicina de la Universidad de Washington, en St. Louis verificó que las dosis altas de vitamina C, vitamina E y betacaroteno, aunque no evitan que el cuerpo sufra un estrés oxidante inducido por el ejercicio, sí aparentemente reducen las señales de daño por oxidación en el cuerpo.

Parece que el ejercicio regular y moderado nos ayuda a obtener el equilibrio perfecto, dice el doctor Harman. Por lo tanto, disfrute del ejercicio normal sin forzarse demasiado y no se olvide de seguir consumiendo las vitaminas antioxidantes.

CONFIANZA EN SÍ MISMA Y AUTOESTIMA

Sea su mejor amiga

Cuando usted se imagina a usted misma, ¿qué es lo que ve? Quizás usted ve a una persona enérgica, inteligente y exitosa, alguien a quien usted quisiera como su mejor amiga. O a lo mejor ve a una mujer un poco maltratada por los años, una mujer cuyos atributos más notables son las arrugas pequeñas alrededor de sus ojos y los hoyuelos en sus muslos.

Es asombrosa la facilidad con que unas cuantas arrugas o un poco de celulitis pueden hacer añicos la autoestima (el aprecio y aceptación de nuestro valor interior) de una mujer. Unas cuantas señales leves de envejecimiento también pueden destruir la confianza en sí misma de una mujer, y la fe que tiene en sus capacidades y talentos. "Nuestra cultura pone un precio extremadamente alto a la juventud", dice Bonnie Jacobson, Ph.D., directora del Instituto para Cambio Sicológico de la Ciudad de Nueva York. "Si usted ve la juventud como el único punto de referencia para determinar su valor, inevitablemente va a experimentar sentimientos de falta de valor y duda a medida que aparecen más señales de envejecimiento."

Pero esto no tiene que sucederle a usted. La confianza en sí misma y la autoestima no son realmente cuestiones de edad o de apariencia sino de actitud. Para algunas mujeres, la confianza en sí misma y la autoestima de hecho se vuelven más fuertes al envejecer, independientemente de unas cuantas arrugas, canas o una talla de vestido que ha ido aumentando con los años. Y qué afortunadas son estas mujeres.

La confianza en sí misma y la autoestima producen algunos resultados engendrantes de juventud. Una mujer confiada y segura de sí misma —a pesar de cualquier señal de envejecimiento que pueda mostrar— se ve, se siente y se comporta como una mujer mucho más joven. Tanto es así que ella casi irradia fuerza interna y energía, dice Thomas Tutko, Ph.D., profesor de sicología de la Universidad Estatal de San José, en California.

La confianza en sí misma y la autoestima también hacen maravillas en su mente. Le proporcionan un 'resguardo' contra la ansiedad. Alivian los sentimientos de culpa, desesperación e insuficiencia. Nos dan el valor de

¿CUÁNTA CONFIANZA TIENE USTED EN SÍ MISMA?

¿Piensa usted muy favorablemente de su persona, o se percibe a usted misma como si estuviera en el ocaso y le estuvieran pesando los años? Parece ser una pregunta sencilla, pero no lo es, dice Thomas Tutko, Ph.D., profesor de sicología de la Universidad Estatal de San José, en California. Muchas mujeres están vagamente conscientes de que tienen cierto tipo de problema en sus vidas, pero no saben realmente de qué se trata. Abajo hay algunas señales que le indicarán si usted tiene un problema de autoestima.

- Está obsesionada con sus defectos, flaquezas y errores y se critica por estos.
- Permite a menudo que otros la menosprecien.
- Frecuentemente prueba nuevos peinados, ropa, dietas o artimañas para verse más atractiva o ser aceptada por los demás.
- Valora las decisiones y opiniones de otros más que las suyas.
- Frecuentemente se compara usted misma y sus logros con otros.
- Se siente destrozada por la crítica negativa.
- Se desilusiona fácilmente.

A continuación véase algunas señales que le advertirán si tiene la autoestima baja:

- Su rutina diaria raramente cambia.
- Usted escapa de las desafíos nuevos y de las situaciones incómodas.
- Rara vez intenta las cosas más de una vez.
- Siempre escoge lo seguro a lo riesgoso.
- Usted mide el éxito solamente en relación a ganar o adquirir.
- Inventa excusas para no hacer cosas o para razonar por qué las cosas son de la forma que son.

realizar nuestros sueños. Y nos dan ganas de intentar cosas nuevas, enfrentar desafíos nuevos y ampliar nuestros mundos, dice el doctor Tutko.

Lo mejor de todo es que la confianza en sí misma y la autoestima se autoperpetúan; los beneficios que obtenemos de éstas tienden a regresar a nosotras y reforzar lo que tenemos. Generalmente, mientras más fuertes son nuestros sentimientos de autoestima y confianza en nosotras mismas, más satisfechas estaremos con la vida. Y eso no solamente nos da la fuerza de sobrevivir sino también de aceptar a la vida.

Mensajes sutiles de nuestra niñez

¿De dónde vienen la autoestima baja y la falta de confianza en sí mismo? Todo se remonta a nuestros años de la niñez. A los niños se les alienta mucho más a adquirir aptitudes y saber cómo hacer cosas. A las niñas, por otro lado, "se les anima por lo general a desarrollar personalidades agradables y a ser bonitas", dice el sicólogo Nathaniel Branden, Ph.D., presidente del Instituto Branden para la Autoestima, en Beverly Hills. "El problema es que ni la belleza ni la personalidad de ningún modo sugieren la competencia o aportan realización personal y por tanto no producen ningún sentido perdurable de confianza en sí misma o autoestima."

Mantenga la cabeza en alto

Si usted siente que posiblemente su confianza en usted misma y autoestima necesiten un estímulo, probablemente sea una señal de que es así. Los expertos recomiendan lo siguiente:

Póngase en forma. ¿El hacer ejercicio podría mejorar su autoestima? Sí, seguramente. En un estudio en la Universidad Estatal del Colegio de Nueva York, en Brockport, se dividieron a 57 personas en dos grupos: un grupo levantó pesas por 16 semanas, mientras que el otro grupo completó un curso teórico en educación física. ¿Adivine cuál fue el grupo que terminó con los espíritus en alto?

Merrill J. Melnick, Ph.D., el sociólogo en deportes que llevó a cabo el estudio, explica por qué el grupo de ejercicio resultó mejor: "Usted se puede ver como inferior si no le gusta su propio físico". Al formar un poco de músculo y perder un poco de grasa, dice él, usted puede mejorar sus sentimientos acerca de su cuerpo y acerca de sí misma.

Calle a su crítico interno. Las mujeres con autoestima baja tienden a oír una pequeña voz en sus cabezas que les dice: "no puedes", "eres débil" y "no vales nada". Cuando su voz crítica interna empieza a menospreciarla, hágala callar de inmediato, dice la doctora Jacobson. Esté consciente de los momentos en que hay más probabilidad de que aparezca, como por ejemplo cuando se siente deprimida. Reconozca que está tratando de herirla. Entonces contrarreste sus argumentos con afirmaciones en contra. Dígase a usted misma una y otra vez que usted es fuerte, capaz y valiosa hasta sentir que la voz desaparece. La misma regla también se aplica a los críticos externos. "Usted tiene que quitarle la fuerza a las otras personas al aprender a aceptarse a sí misma desde su punto de vista", dice ella.

Prográmese para preocuparse. Hacer callar a su crítica interna no siempre es tan fácil. Algunas veces usted puede simplemente cerrarle la puerta en las narices; en otras ocasiones ella se va a defender. Algunas veces, mientras más trata usted de suprimir los pensamientos y las ansiedades no deseados, más probable es que se obsesione con ellos, dice el doctor Wegner. En lugar de gastar energía suprimiendo los pensamientos poco felices, trate de ceder ante ellos un poco. Programe 30 minutos diarios para "sesiones de preocupación" para desahogarse; entonces siga hacia adelante y disfrute de la vida.

Haga un inventario personal. "En lugar de pensar demasiado en sus deficiencias, necesitamos obtener satisfacción de las cosas que tenemos y podemos hacer bien", dice Stanley Teitelbaum, Ph.D., un sicólogo clínico con una consulta privada en la ciudad de Nueva York. Para hacer esto, enumere en un lado de un pedazo de papel sus logros, actividades, rasgos positivos y virtudes. Luego enumere en el otro lado sus debilidades, rasgos negativos y aspectos de su persona que usted desearía cambiar. Le sorprenderá darse cuenta de cuántas ventajas tiene a su favor. Y eso por sí solo puede lograr que se sienta extraordinariamente bien acerca de usted misma. Entonces, para confianza en sí misma y autoestima a largo plazo, acentúe lo positivo y elimine lo negativo.

Establezca una jerarquía de metas. Fijarse metas poco realistas seguramente llevará al fracaso, lo cual puede afectar su autoestima. "Tratar de alcanzar una meta está muy bien, pero usted debe aprender a gatear antes de poder caminar", dice el doctor Tutko. Suponga que tiene una meta de alcanzar una puntuación de 300 en un juego de bolos. Una meta respetable, pero poco realista si su promedio es, digamos, 58. En lugar de aspirar desde el principio a su meta final, concéntrese en alcanzar diferentes etapas: 100, 150, 200, 250 y entonces 300. "Primero alcance el éxito en un nivel, luego trate de alcanzarlo en el siguiente", dice él.

Especialícese en algo. ¿Sabe usted un poco de todo y mucho de nada? ¿Está usted envuelta en tantas tareas que no puede prestar la atención adecuada a ninguna? Tratar de abarcar demasiado sólo la preparará para una decepción, dice el doctor Tutko. Encuentre dos o tres cosas en la vida que realmente disfrute —sea tocar el clarinete, trabajar con una computadora o esquiar a campo traviesa— y concentre la mayor parte de sus energías en esto. Es mejor tener éxito en unas cuántas cosas que fallar en muchas.

Persevere en lo que a usted le gusta. La manera más fácil de perder la fe en usted misma es quedar atrapada en hacer algo que a usted le disgusta o que otros le dicen que tiene que hacer, dice el doctor Tutko. Antes de sumirse en una carrera o actividad que la hace sentirse miserable o que usted hace con poco entusiasmo, busque esas cosas que realmente la atraen y dedíquese a ellas con gusto. Tendrá una mayor probabilidad de hacerlas bien, lo cual ocasionará un efecto positivo en su psiquis.

Sea servicial. El brindar su tiempo y talentos para ayudar a su comunidad o a las personas que necesitan ayuda estimula su autoestima y confianza en usted misma de varias formas, dice la doctora Jacobson. Sobre todo, le proporciona un sentimiento maravilloso de logro y reafirma la convicción de ser útil y valiosa.

Busque personas positivas. Lo menos que necesita en su vida cuando su confianza en sí misma está flaqueando son personas que la critican. En su lugar, debería rodearse de personas que ven sus virtudes. Invariablemente, éstas son personas que tienen una autoestima muy alta. "Las personas con alta autoestima y confianza en sí mismas no se apresuran a juzgar o criticar a otras", dice la doctora Jacobson. "Tienen mucho amor y aliento para brindar, y sus actitudes con respecto a la vida pueden contagiársele a usted."

Recompénsese a usted misma. Aumente su confianza en usted misma y autoestima haciendo algo agradable por usted misma cada vez que haga algo bien, dice el doctor Tutko. Prémiese con un regalito. Esto reafirma su fe en sí misma y aumenta el valor de su logro.

Sepa que puede fracasar. Vea al fracaso como una oportunidad para un éxito nuevo, dice Daniel Wegner, Ph.D., profesor de sicología de la Universidad de Virginia, en Charlottesville. "La vida es un proceso a base de tanteos, y no progresamos si no nos arriesgamos ante la posibilidad de fracasar", dice él. "En el orden del universo, muchos de los 'fracasos' verdaderos que vamos a experimentar no son ni tan perjudiciales como el daño que nos hacemos cuando nos obsesionamos y preocupamos acerca de los fracasos que todavía están por venir."

CUIDADO DEL CUTIS

Pautas para piel perfectamente joven

Su vida está tan ocupada que usted apenas tiene tiempo de dormir o comer o ir al supermercado. Usted definitivamente no tiene tiempo para cuidarse el cutis, ¿o sí lo tiene?

La verdad es que proteger el cutis no necesita llevarle tanto tiempo. Y, a pesar de todo el bombo y platillo que rodea a los productos de renombre y a las rutinas confusas de pasos múltiples, en realidad no tiene que ser complicado o caro.

Solamente tiene que limpiar, humectar y proteger el cutis del 'foto-envejecimiento', o sea las arrugas, los surcos y las manchas por pasar demasiado tiempo en el sol.

Si usted usa una protección contra el sol diariamente, los médicos dicen que después de un tiempo usted encontrará que el cutis reparará por sí solo algo del daño, haciendo que usted se vea más joven y fresca y se sienta bien como consecuencia.

Algunos productos, tal como la *Neutrogena Moisturizer*, que combinan los humectantes con las lociones antisolares y los tintes, le ahorrarán tiempo.

Por lo tanto, consideremos una rutina realista que hará que su cutis luzca joven y fresco sin echar a perder su programa diario.

Trátelo con ternura

No importa si su cutis es normal, grasoso, seco o está dañado por el sol, la consigna para limpiarla, según los dermatólogos, es "suavecito, suavecito". Los limpiadores deben ser suaves y usted debe tocarse suavemente. ¿Por qué? Porque cada vez que usted frota, jala, refriega o de alguna manera tira de su cutis, puede aflojar las fibras minúsculas abajo de la superficie las cuales promueven la firmeza y el aspecto juvenil.

"Cualquier cosa que le haga a su cara agrega su poquito de daño de edad", dice el doctor Albert M. Kligman, profesor de dermatología de la Universidad de Pensilvania, en Filadelfia.

Escoja productos suaves. Olvídese de los astringentes y limpiadores ásperos, aconseja el doctor Seth L. Matarasso, profesor auxiliar de dermatología de la Escuela de Medicina de la Universidad de

OPCIONES NATURALES

El mundo de la medicina alternativa también brinda consejos de belleza para cuidar bien su cutis. A continuación hemos recopilado algunas recetas sencillas que puede probar.

Lávese con avena y hierbas. Para el cutis grasoso, la avena tradicional o la avena molida instantánea limpian la piel sin robarle los aceites protectores, dice Kathlyn Quatrochi, N.D., doctora naturopática y herbolaria de Oak Glen, California. "Haga una pasta con una cucharada de avena, una cucharada de agua tibia, ½ cucharadita de lavanda (alhucema, espliego) fresca o seca y una cucharadita de miel", sugiere la doctora Quatrochi. "Deje reposar la pasta durante una hora y luego úsela para lavarse suavemente la cara, como si se estuviera lavando con jabón. La lavanda es un antibacteriano, pero también alivia la piel", dice ella.

Tonifíquese el cutis con salvia y menta (hierbabuena). La salvia ayuda a controlar la piel grasosa, mientras que la menta le produce un cosquilleo refrescante. En combinación con el hamamelis, estas hierbas crean una loción tonificante de agradable aroma que restaura la capa ácida protectora de la piel, dice la doctora Quatrochi.

California en San Francisco. Todo lo que usted necesita son jabones suaves baratos como *Purpose, Basis, Neutrogena* y *Dove*.

Si su cutis está muy seco, aun un enjuague completo por la mañana con un substituto de jabón como *Cetaphil* o nada de jabón está bien, dice el doctor Matarasso. Simplemente experimente para ver cuál es el mejor para usted.

Evite la erupción. Lavarse con esas friegas de nueces molidas y esponjas abrasivas es como usar limpiadores de la cocina para su cutis, dice Carole Walderman, una cosmetóloga y presidenta de la Von Lee International School of Aesthetics and Makeup, una escuela de maquillaje y belleza en Baltimore. Los pequeños rasguños que estos dejan inflaman su

Agregue una cucharadita de salvia y una cucharadita de menta a 4 onzas (118 ml) de hamamelis, luego deje en infusión de uno a tres días. Usted puede usar este tonificante sin colarlo. Almacénelo hasta dos meses en un recipiente hermético, dentro o fuera del refrigerador.

Alívielo con aceites. Un tónico simple de hamamelis (hamamélide de Virginia) y aceites esenciales puede aliviar el cutis seco e irritado, "especialmente aquél que se enrojece e inflama en las áreas de los cachetes y del caballete de la nariz", señala Stephanie Tourles, cosmetóloga de Hyannis, Massachusetts.

Combine ½ taza de hamamelis (puede usar el que venden en la farmacia, conocido en inglés como *witch hazel*) con 10 gotas de uno de los siguientes aceites esenciales: lavanda (alhucema, espliego), que sirve para regenerar las células de la piel y protegerla contra infecciones; sándalo, que alivia la piel agrietada y el inflamada y sensible o geranio *(Pelargonium graveolens)*, que rejuvenece las células del cutis. Vierta la mezcla en un frasco con tapa ajustada y agítela bien. Aplíquese la mezcla por la mañana y por la noche usando bolitas de algodón, evitando el área superior e inferior de los ojos. Luego aplíquese un humectante.

cutis y juntan bacterias, por lo tanto pueden promover una erupción cuando usted pensaba que había dejado el acné atrás para siempre.

Séquese con palmaditas. Dese palmaditas en la cara no completamente seca con una toalla tan suavemente como si fuera el toque de un bebé, dice el doctor Matarasso. "Deje solamente una telilla húmeda en el cutis, como un rocío."

Pruebe tónicos suaves. Para una optativa sensación de estar extra limpia, use un agua de flores calmante, tal como *Rosewater*, y tónico después de que se limpia y se enjuaga, dice Walderman. "Cuando llegamos a la década de los 30 años de edad nuestros poros pueden empezar a verse más grandes, porque la gravedad empieza a jalar hacia abajo alrededor de los folículos de los vellos, haciendo que se vean más profundos", dice ella. "Los tónicos cerrarán temporalmente los poros, posiblemente por cerca de 45 minutos, dejando una buena base para aplicar el maquillaje". Apliquese el tónico con una almohadilla de algodón que primeramente haya sido saturada con agua y luego exprimida, dando pasadas suaves hacia arriba.

Adelante con los humectantes

Digan lo que digan los anuncios, los humectantes no agregan humedad al cutis. No obstante, sí ayudan a retener el agua que usted dejó sobre la cara y el cuerpo después de lavarse, lo cual esponja las arrugas finas y hace más tersa la superficie, dice el doctor Matarasso. Si usted usa la toalla hasta que está seca como un hueso, cualquier humectante —no importa si son caros— permanecerá solamente en la superficie y se sentirá grasoso. Pero si usted deja una telilla húmeda después de enjuagarse, el humectante ayudará al agua a meterse dentro de los poros y a hundirse más profundamente dentro del cutis. Si su cutis es grasoso, posiblemente no necesite un humectante, el cual podría agravar el acné.

A continuación se enumera lo que se debe saber acerca de los humectantes.

Pregunte acerca de los AHA. Los ácidos alfahidroxi (*AHA* por sus siglas en inglés) se derivan de las fuentes alimenticias tales como el vino tinto, la leche agria y la fruta. Algunos estudios muestran que estos ácidos pueden aumentar la renovación de las células del cutis quemadas por el sol y hacer más tersa y firme la textura del cutis.

Las concentraciones bajas que se encuentran en los productos comerciales pueden ser la causa del problema, dice el doctor Matarasso. La mayoría de los humectantes cosméticos usan muy pequeñas cantidades de AHA, dice él. Si usted quisiera ver lo que los AHA pueden hacer por usted, vaya a una tienda que venda productos de belleza y pídalos.

Escoja las lociones que no tapen. Si usted solamente quiere un buen humectante para todos los días, pero tiende a tener erupción de vez en cuando, escoja un humectante que diga en la etiqueta *"noncomedogenic"* (no comedogénico), dice el doctor Thomas Griffin, dermatólogo del Hospital de Graduados en Filadelfia, Pensilvania. Estos productos no taparán los poros.

Chequee el pH. Si su cutis es sensible, use un producto que tenga la misma proporción ácida (*pH* por sus siglas en inglés) del cutis normal, la cual se encuentra en un pH de 4.5 a 5.5, dice Leila Cohoon, cosmetóloga y dueña de Leila's Skin Care, una compañía que se especializa en el cuidado del cutis en Independence, Misuri. Muchas etiquetas dicen '*pH-balanced*' (pH balanceado) pero eso no significa nada", dice ella. "Podría significar ácido con pH balanceado o alcalino con pH balanceado, los cuales no son buenos para la cutis. Lo que usted quiere es que sea ácido con pH balanceado para el cuidado del cutis."

¿Cómo estar segura? "Compre papeles pH (tales como *pHydrion*) en su salón de cuidado del cutis y sumérjalos en el producto", dice Cohoon. "El papel cambiará de color y usted lo compara a la tabla adjunta, la cual le mostrará cuál es el nivel de pH que tiene el humectante."

Cómo conservar su cara y cuerpo

De cualquier forma que usted la use, la loción antisolar es el paso rejuvenecedor más importante para el cuidado del cutis. Aun si en el pasado usted no lo haya hecho muy fielmente, el empezar a usar una loción antisolar ahora mismo le pagará dividendos de juventud en las décadas venideras.

Simplifique el proceso. A menos que usted disfrute aplicándose capa tras capa de pociones y lociones, la forma más fácil de agregar la loción antisolar a su rutina es usar una loción antisolar con base de crema como su humectante, dice el doctor Matarasso.

Asegúrese de que la protege bien. Escoja una loción antisolar o una combinación humectante-loción antisolar con un factor de protección solar (*SPF* por sus siglas en inglés) de por lo menos 15, dice el doctor Kligman. Y las lociones antisolares (a menudo llamadas lociones antisolares de espectro completo) que bloquean los dos tipos de rayos ultravioletas, *UVA* y *UVB*, le ofrecerán a usted la mejor protección contra la quemadura superficial y contra el daño más profundo a los tejidos que causan las arrugas, dice él. Muchos humectantes cosméticos pregonan a los cuatro vientos sus capacidades de protección solar, pero la mayoría contiene lociones antisolares con un SPF muy bajo.

Cómo mejorar su cutis mientras duerme

En la noche usted se debe limpiar otra vez. Si su cutis tiende hacia la sequedad, agregue un humectante o a lo mejor tretinoína (*Retin-A*) si usted quiere combatir el daño del sol activamente. Y entonces, a dormir, lo cual de por sí le da un aspecto juvenil a su cutis al borrarle el estrés de su tez.

Además, usted puede incorporar estos consejos a su rutina de limpieza nocturna.

Quítese el maquillaje. Es verdad lo que dicen: nunca debería irse a dormir con éste puesto. Para una limpieza a fondo, use un limpiador con petrolado para quitar el maquillaje, dice Marina Valmy, cosmetóloga de la Christine Valmy Skin Care School, una escuela que se especializa en el cuidado del cutis, en la Ciudad de Nueva York. Pero solamente por la noche: el petrolado es muy pesado para limpiarse o humectarse durante el día, dice ella. Otra opción es su jabón suave favorito; solamente limpie y enjuáguese la cara por completo.

Pruebe un limpiador profundo de poros. Tres veces a la semana, use un limpiador profundo de poros y un cepillo facial suave para una limpieza de su cutis más a fondo, aconseja Walderman.

Duerma con un combatiente de arrugas. Si el daño del sol ha dejado líneas finas en su cutis, pídale a su doctor una receta para la crema *Retin-A* o *Renova*. Estos productos son derivados de la tretinoína, una sustancia originalmente creada para tratar el acné que parece tener la capacidad de borrar arrugas finas y mejorar la apariencia del cutis dañado por el sol. (Para tener más información sobre esta crema, vea el capítulo "Arrugas" en la página 3.)

Cuídese los labios. Por la noche, póngase vaselina en los labios, dice Valmy. Debido a que la piel de los labios es muy delgada, la circulación de la sangre está muy cerca de la superficie y puede hacer que los labios se sequen. La vaselina no permitirá que la humedad se evapore, y evita que usted se despierte con los labios agrietados.

CUIDADO DE LOS SENOS

Cómo mantenerlos atractivos y saludables

Usted se voltea hacia la derecha y mira sus senos de lado en el espejo. Después se voltea otra vez hacia el frente, levanta los brazos sobre la cabeza y los observa de nuevo. Entonces se voltea hacia la izquierda y mira otra vez.

¿Qué está buscando?

Primero, quiere ver si se han caído y cuánto. Tambíen busca las estrías, señales del envejecimiento que usted combatirá a brazo partido con todos los remedios a su alcance. Finalmente, busca cualquier bulto, protuberancia, hoyuelo, secreción, caída, arruga o diferencia en tamaño, forma o color que pudieran señalar la presencia de cáncer.

Este último es el más preocupante, ya que el cáncer de mama es una amenaza importante a la salud de cualquier mujer que haya pasado su trigésimo cumpleaños, dice la doctora Sondra Lynne Carter, una ginecóloga con consulta privada en la ciudad de Nueva York quien trata a pacientes con problemas en los senos. Y la amenaza aumenta con cada año que pasa.

A los 30 años de edad, usted tiene 1 en 2,525 probabilidades de tener cáncer. A los 35 años es 1 en 622. A los 45 años es 1 en 93, a los 60 años es 1 en 24 y a los 80 años es 1 en 10.

Ya que la mayoría de los cánceres de mama realmente ocurren después de los 45 años de edad, muchas mujeres tienden a pensar en el cáncer de mama y en los senos caídos de la misma forma: "es algo de qué preocuparme cuando esté vieja". Eso es incorrecto. Aunque ambas cosas tienen más probabilidad de ocurrir después de los 45 años de edad, los expertos afirman que para prevenir ambos se necesita empezar con un buen cuidado de los senos en las décadas anteriores.

El autoexamen de los senos

El buen cuidado de los senos empieza con el aprendizaje de cuándo y cómo hacerse un autoexamen de los senos.

Los médicos están de acuerdo en que el autoexamen debería hacerse la primera semana después de su período todos los meses. Su meta

CUIDADO DE LOS SENOS

Ponga los brazos por encima de la cabeza y busque algún hoyuelo en la piel, secreción (de fluido) del pezón u otros cambios en apariencia.

Ponga las manos sobre las caderas. Primero empuje sus hombros hacia atrás, después hacia adelante, y busque algún cambio en sus senos que haya ocurrido desde su último auto-examen.

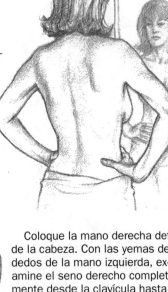

Coloque la mano derecha detrás de la cabeza. Con las yemas de los dedos de la mano izquierda, examine el seno derecho completamente desde la clavícula hasta la línea del sostén y dentro del axila. Repita el proceso en el seno izquierdo con la mano izquierda detrás de la cabeza. Vea en la página opuesta la descripción de las diferentes estrategias de búsqueda.

se divide en dos: una, familiarizarse con los contornos normales, los bultos y las protuberancias en sus senos para que cualquier cosa fuera de lo común sea muy aparente y, dos, detectar cualquier bulto (de 0.5 pulgada / 1.3 cm, por ejemplo) que aparezca súbitamente, esté en el mismo lugar y dure por uno o dos ciclos.

¿Cuál es la mejor manera de hacerse un autoexamen? De cualquier manera que usted se sienta cómoda, dicen los doctores. Algunas mujeres prefieren hacérselo paradas en la ducha cuando sus senos están resbalosos por el jabón. Otras prefieren hacérselos paradas en frente de un espejo, mientras que otras prefieren hacérselo acostadas boca arriba.

Los siguientes consejos son para que puede hacerse el autoexamen más completo que pueda.

Estírese primero. Es importante que antes de empezar, usted estire los brazos por encima de la cabeza y se mire en el espejo para ver si nota algún cambio obvio en los senos. Busque algo importante: un hoyuelo en la piel que no había notado antes, o un pezón que de repente se ha invertido, ha desarrollado eczema o tiene una secreción que no es resultado de habérselo apretado. Ponga las manos sobre las caderas, empuje los hombros hacia atrás y busque cambios de nuevo. Luego empuje los hombros hacia adelante, mientras contrae los músculos pectorales. Cualquier hoyuelo debería ser obvio en esta posición.

Escoja una estrategia de búsqueda. Hay diferentes maneras de hacer el mismo autoexamen: puede usar el pezón como punto focal y ver si siente bultos a lo largo de las líneas imaginarias que salen de su pezón hasta llegar a la clavícula y hacia abajo hasta la línea del sostén; usted puede usar el pezón como el centro y seguir haciendo círculos alrededor con sus dedos en círculos cada vez más amplios; o simplemente puede imaginarse una cuadrícula colocada sobre su seno y examinarlo en franjas que vayan desde arriba hacia abajo entre la clavícula y la parte de abajo de la línea del sostén.

Cualquiera sea el método que escoja, ponga la mano del lado que usted quiere examinar detrás de la cabeza antes de empezar. Esto traslada cualquier tejido del seno que está debajo del axila hacia arriba de la pared torácica donde usted lo puede examinar detenidamente.

El estilo de vida anticáncer

El buen cuidado de los senos también significa adoptar un estilo de vida que reduzca su riesgo de cáncer. Nadie ha descubierto exactamente por qué, pero las mujeres que adoptan estilos de vida que reducen la cantidad de estrógeno que circula a través de sus cuerpos, pueden reducir significativamente su riesgo de desarrollar cáncer de mama. Y eso incluye a las mujeres que tienen una historia familiar de la enfermedad.

¿Cuáles son las mejores estrategias? Los médicos sugieren las siguientes:

Reduzca la grasa. Un estudio de la Escuela de Medicina en la Universidad de Tufts, en Boston, comparó los niveles de estrógeno en un grupo de mujeres que siguió una dieta que obtenía el 40 por ciento de sus calorías de la grasa, con un grupo de mujeres que obtenían sólo el 21 por ciento de sus calorías de la grasa.

¿El resultado? Las mujeres premenopaúsicas en el grupo de alta grasa tenían niveles de estrógeno en la sangre que eran un 30 a 75 por ciento más altos que sus hermanas que comían menos grasa. En el grupo postmenopáusico, las mujeres que comían la dieta más alta en grasa tenían niveles de estrógeno que eran un 300 por ciento más altos.

Coma fibra de plantas. Los estudios de animales indican que unas sustancias en las plantas llamadas fitoestrógenos pueden ser capaces de evitar que el estrógeno que circula en su cuerpo cause cáncer de mama. Las buenas fuentes de fitoestrógeno incluyen los productos de soya, los brotes de alfalfa, las manzanas, la cebada, la avena y los chícharos (guisantes).

Sea una comilona de verduras. En un Estudio de la Salud de Enfermeras de Harvard, el cual estudió a cerca de 90,000 mujeres en Boston, los investigadores encontraron que aquellas que informaron que comían dos o tres porciones de verduras al día tenían un 17 por ciento de reducción en el riesgo de cáncer de mama en comparación con aquéllas que comían menos de una porción completa por día.

Muchos científicos sospechan que esta reducción se deba a la presencia de las vitaminas A y C, antioxidantes que se creen bloquean a las sustancias causantes del cáncer producidas por el proceso metabólico normal del cuerpo.

Cómo contrarrestar la caída

Aunque principalmente el buen cuidado de los senos implica mantener a sus senos sanos, para algunas mujeres también implica mantener a sus senos firmes.

Hay dos formas en que se pueden caer cuando pasamos nuestra década de los 30 años de edad, dicen los doctores: cuando los senos grandes

OPCIONES QUIRÚRGICAS

"Fundamentalmente hay dos tipos de procedimientos de levantamiento que hacemos en este país", dice el doctor Robert L. Cucin, instructor clínico de cirugía plástica del Colegio de Medicina de la Universidad de Cornell, en la Ciudad de Nueva York.

"Para grados menores de caída, podemos hacer lo que se llama mastopexía (*mastopexy*) de *donut*. Se quita un poco de piel de alrededor de la aréola del pezón, luego se mete esa piel abajo donde le da un grado modesto de levantamiento y ajuste."

Cuando la caída es más severa, los cirujanos estadounidenses tienden a usar la mastopexía (*mastopexy*) con forma de T invertida o de ancla, dice el doctor Cucin. El cirujano corta alrededor del pezón, en forma recta hacia abajo del pezón hasta la línea del sostén, luego a lo largo de la línea del sostén en ambas direcciones por varias pulgadas. Se quita la piel en exceso y la grasa, el pezón se vuelve a colocar y la piel restante se tensa apretadamente para sostener el seno. Las cicatrices serán de unas 9 pulgadas (23 cm) de largo, y cuánta sensación quede en su pezón depende de cuánto se le mueve durante el procedimiento.

se caen, los pezones se van de cabeza hacia su cintura; cuando los senos pequeños se caen, los pezones se hunden elegantemente hacia su pecho.

De una manera usted se ve como una vaca que necesita ser ordeñada. De la otra manera usted se ve como un muchacho. Eso tal vez no sea lo que Dios, la naturaleza y *Victoria's Secret* tenían pensado, pero la caída puede ser la realidad de los senos pasando los 30 años de edad.

"En algún momento entre los 30 y los 40 años de edad, el tejido elástico del seno empieza a degenerarse", explica el doctor Albert M. Kligman, profesor de dermatología de la Universidad de Pensilvania, en Filadelfia. Las fibras de los senos, que actúan como ligas elásticas y proporcionan ese rebote flexible cuando usted camina, todavía se estirarán. Pero ya no se repercutan tan bien como antes. El resultado es senos caídos, con algunas estrías como para complementar.

Como si eso fuera poco, los cambios hormonales —tanto durante el embarazo como cuando usted llega a la menopausia— hacen que los senos se caigan todavía más.

Durante el embarazo, las hormonas estrógeno y progesterona, que los ovarios y la placenta secretan, estimulan el desarrollo de los 15 a 20 lóbulos de glándulas secretantes de leche incrustadas en el tejido grasoso de los senos. Estos cambios son permanentes. Y aunque las glándulas pueden estar vacías después de que no necesitan producir más leche, todavía añaden bulto y firmeza al seno.

Una vez que la menopausia llega, sin embargo, la reducción en el estrógeno y la progesterona indica al seno que sus conductos y lóbulos de leche se pueden jubilar. Como resultado, el seno se encoge, añade grasa y empieza a caerse más allá de lo que demanda la gravedad.

Afortunadamente hay formas de prevenir, y algunas veces invertir, tanto la caída como las estrías.

Considere levantar pesas. "No hay forma que yo conozca de fortalecer el tejido grasoso del seno", dice la doctora Carter. "Pero usted sí puede fortalecer los músculos pectorales bajo los tejidos grasosos para obtener el mismo efecto."

Para prevenir o reducir la caída, consígase un par de pesas de 2 libras (900 g) cada una —no más pesadas— y haga trabajar a esos músculos cinco veces a la semana, dice la doctora Carter.

Con una pesa en cada mano, extienda sus brazos hacia los lados y haga 15 círculos pequeños hacia atrás de aproximadamente 1 pie (30 cm) de diámetro. Ensanche los círculos ligeramente y haga otros 15; ensanche de nuevo otra vez y repita. Vaya aumentando lentamente hasta hacer 50 círculos para cada repetición.

Tírese al piso. "Empiece tratando de hacer 10 planchas (lagartijas) y vaya aumentando hasta llegar a las 20", dice la doctora Carter. Esto le puede llevar hasta seis meses, agrega ella. Pero usted tendrá más probabilidad de hacerlas regularmente si agrega una plancha por vez. Simplemente póngase sobre sus manos y rodillas, levante los pies 6 pulgadas (15 cm) del piso, y baje la parte superior de su cuerpo hasta 1 pulgada (2.5 cm) del piso. También haga esto cinco días por semana.

Sosténgase. Usar un sostén es una buena forma de prevenir la caída, dice el doctor Kligman. De hecho, él sugiere que cualquier mujer mayor de los 15 años de edad use uno.

Adquiera un estilo que proporcione mucho apoyo y permita un rebote mínimo, dice el doctor Kligman. Y úselo todo el día, no solamente cuando esté haciendo ejercicio.

Encoja las estrías. Si usted acaba de tener un bebé y las estrías en la parte de arriba y a los lados de sus senos están rojas e inflamadas, puede tratarlas con aplicaciones diarias de tretinoína (*Retin-A*), dice el doctor Kligman. Hable con su doctor acerca de obtener una receta para la droga. La *Retin-A* no sólo tensa la piel estirada, sino que existen algunas pruebas de que también forma una superestructura nueva debajo de la piel para ayudar a afirmarla.

Hable con su médico acerca de *HRT*. La terapia de reposición hormonal (*HRT* por sus siglas en inglés) puede detener la caída de los senos que ocurre después de la menopausia. Lo hace al ayudar a evitar que las fibras de los senos sigan degenerándose, indican los médicos. No podrá hacerlos lucir como lucían cuando usted tenía veintitantos años, pero evitará que sus senos se caigan aún más.

Ejercicio aeróbico

Adelgace sin sudar la gota gorda

Cuando usted piensa en el ejercicio aeróbico, lo más probable es que las imágenes que le viene a la mente son de mujeres haciendo ejercicio al compás del ritmo frenético de *house* o *techno*. Y así son muchas clases de ejercicio aeróbico que ofrecen en los gimnasios. Si a usted le gustan y las ofrecen en su área, estas clases son una manera magnífica de ponerse en forma.

Sin embargo, si usted no es muy activa que digamos y piensa que ni loca se pondría a saltar en público con unas mallas apretadas puestas, no tiene que descartar el ejercicio aeróbico. De hecho, usted puede disfrutar de muchas actividades placenteras y aún aprovechar el poder rejuvenecedor del ejercicio aeróbico. Es así porque el ejercicio aeróbico no se trata sólo de saltar y bailar, sino también de caminar, andar en bicicleta y nadar. Y los beneficios de este tipo de ejercicio van más allá de sus metas de prevenir o revertir el envejecimiento. Como ya verá, el ejercicio aeróbico también le brinda salud y bienestar en cuerpo y alma.

Un amigo de su corazón

Un gran beneficio del ejercicio aeróbico es la manera en que afecta el corazón y el sistema cardiovascular. "Las pruebas existentes muestran que el ejercicio aeróbico ayuda a disminuir el riesgo de enfermedades cardiovasculares", comenta Alan Mikesky, Ph.D., profesor de la Universidad de Indiana, en Indianapolis. Son un arma importante, dado que estas enfermedades causan la muerte del 34 por ciento de latinas en los Estados Unidos y son la causa principal de muertes en toda Latinoamérica.

El ejercicio aeróbico protege su corazón al fortalecerlo y hacerlo más eficiente. Cuando usted hace ejercicio, sus músculos requieren más materia combustible, es decir, oxígeno. Por lo tanto, su corazón palpita con más fuerza para traer sangre —el "chofer" que transporta el oxígeno— a los músculos lejanos. Cuando el corazón trabaja así regularmente, se vuelve más fuerte y eficaz, según afirma el doctor William Simpson, profesor de medicina de la Universidad de Carolina del Sur, en Charleston.

Este tipo de ejercicio también ayuda a mejorar la calidad de la circulación. "El ejercicio tiende a dilatar los vasos sanguíneos para que el corazón pueda palpitar más fácilmente y suministrar la sangre al resto del cuerpo", dice el doctor Simpson. El resultado es que cuando usted está reposando, la presión de la sangre disminuye.

Bueno para quemar y bajar

El ejercicio aeróbico también ayuda a aumentar su ritmo metabólico, el ritmo al cual su cuerpo quema calorías. A los niveles a los cuales el corazón palpita, el ejercicio quema suficientes calorías como para reducir la grasa en el cuerpo, lo cual resulta en una pérdida de peso.

Además, puede ayudar a mantener la presión arterial baja, lo cual a su vez ayuda a prevenir derrames cerebrales y problemas cardíacos. Los estudios indican que la presión arterial se puede reducir haciendo ejercicio por lo menos tres veces a la semana. Por ejemplo, en un estudio realizado de 641 mujeres entre los 50 y los 89 años de edad en la Universidad de California en San Diego, la presión arterial era notablemente más baja en las mujeres activas en comparación con las mujeres sedentarias.

Esenciales para su esqueleto

Otro beneficio que brinda el ejercicio aeróbico es que ayuda a mantener la fuerza de los huesos. El ejercicio aeróbico en que uno carga con su propio peso, como caminar o correr, por ejemplo, provoca tensión en el hueso, lo que ayuda a mantener o aumentar la fuerza de éste. Esto es especialmente importante en las mujeres que han pasado la menopausia, las cuales experimentan una rápida pérdida de hueso a un ritmo de 2 a 4 por ciento cada año. Hasta andar en bicicleta, tanto en una estacionaria como en una normal, puede ser efectivo. Desafortunadamente, un ejercicio popular para las mujeres mayores, el nadar, no es de cargar el propio peso y parece ser menos efectivo.

Amigos que elevan su autoestima y ánimo

Aparte de lo que aporta a su figura, el ejercicio aeróbico también la ayuda a sentirse mejor emocionalmente. Por ejemplo, un estudio de 26 atletas universitarios descubrió que una sesión de 30 minutos de andar en bicicleta especial de ejercicio redujo la ansiedad significativamente y el efecto duró por una hora después de la sesión de ejercicio.

EL SON DEL CORAZÓN

Digamos que usted no ha estado haciendo ejercicio y apenas empieza un programa. ¿Cómo sabe si está haciendo suficiente ejercicio? Una forma de saberlo es tomarse el pulso.

Empiece por ponerse como objetivo el 50 a 65 por ciento de su ritmo cardíaco máximo. Tome su edad y réstela de 220. El resultado es su ritmo cardíaco máximo. Tome el 50 por ciento y el 65 por ciento de esa cifra para calcular los límites de su ritmo cardíaco objetivo cuando se esté ejercitando.

Por lo tanto, si usted tiene 40 años de edad, utilice la siguiente información para calcular su ritmo cardíaco objetivo: 220 menos 40 son 180; el 50 por ciento de 180 es 90, y el 65 por ciento de 180 es 117. Eso quiere decir que su objetivo debe estar entre 90 y 117 palpitaciones por minuto. Para evaluar si usted está haciendo ejercicio de acuerdo a su objetivo, se puede tomar el pulso por 15 segundos y multiplicar el número de palpitaciones por 4.

Si el número que obtiene como resultado es menor que su ritmo cardíaco objetivo (en este caso 90), usted necesita hacer ejercicio un poco más enérgicamente. Si su número es superior al objetivo (117), vaya un poco más despacio; lo más probable es que esté haciendo ejercicio a un paso que es demasiado rápido para su nivel de condición física, y probablemente no será capaz de mantener esa intensidad por los 30 minutos designados. También podría elevar su presión arterial demasiado.

Otra forma de medir si está haciendo suficiente ejercicio es la escala para la clasificación de esfuerzo percibido (*RPE* por sus siglas en inglés), la cual utiliza una escala de 10 puntos que va desde 0 hasta 10. Si usted estuviera haciendo ejercicio a una intensidad que se sentía muy ligera para usted, estuviera en el 1 de la escala, mientras que si estuviera haciendo ejercicio a un nivel que es muy enérgico, usted se daría un 10. Si siente que su nivel de ejercicio es moderado, su clasificación sería de 3.

El ejercicio probablemente ayude a reducir la ansiedad al estimular los niveles de las endorfinas, los elevadores naturales del estado de ánimo del cuerpo. Las mujeres que hacen ejercicio regularmente también encuentran que el ejercicio ayuda a disminuir los síntomas del síndrome premenstrual (*PMS* por sus siglas en inglés) como son la ansiedad, la irritabilidad y la depresión.

Algunos expertos también señalan que al mejorar su condición física, el ejercicio aeróbico mejora la autoestima. La mujer que hace ejercicio se siente más atractiva y más en control de su vida porque ha tomado control de su salud y ha triunfado.

Lo que los médicos recomiendan

Bueno, después de enterarse de todos estos beneficios, quizás ahora se sienta un poco más animada para tratar de hacer el ejercicio aeróbico. Muy bien, pero primero ofrecemos unas pautas. En general, se le aconseja que haga 30 minutos de ejercicios aeróbicos continuos para elevar el ritmo de su corazón entre el 50 y 90 por ciento de su ritmo máximo, por lo menos tres veces por semana. El nivel que es necesario para elevar el ritmo cardíaco y obtener los beneficios rejuvenecedores depende de su edad, sexo y nivel actual de condición física. Por lo general, la mujer que tiene un bajo nivel de condición física debería tratar de alcanzar una intensidad de ejercicio entre el 50 y 65 por ciento del ritmo máximo del corazón. La mujer que tiene un estado normal de condición física debería tratar de alcanzar entre el 70 y 75 por ciento de su ritmo máximo del corazón, y la mujer en condición física excelente debería tratar de alcanzar entre el 80 y 90 por ciento de su ritmo máximo del corazón.

Si hacer 30 minutos de ejercicio está fuera de sus posibilidades por cuestiones de tiempo, entonces trate de acumular 30 minutos de ejercicio durante el día. Puede caminar 10 minutos antes del trabajo, 10 minutos a la hora del almuerzo y 10 minutos después de que llegue a la casa. Hay pruebas crecientes que indican que es la cantidad acumulada de actividad, no la cantidad hecha de una sola vez, la que puede rendir los beneficios de salud a largo plazo.

Manos a la obra

Una cosa es saber que usted debería hacer ejercicio, y otra es llevarlo a la práctica y mantenerse en ello. Aquí hay algunos consejos para ayudarla.

Primero que nada, hágase examinar. Eso quiere decir un chequeo físico. "Si usted apenas está empezando con un programa de ejercicio, consulte a su doctora. Ella le preguntará para ver si usted ha fumado en el pasado o si fuma actualmente o si tiene una historial familiar de enfermedades cardíacas, presión arterial alta, colesterol alto, muerte prematura o ataques al corazón, dice el doctor Simpson. Durante el examen físico su doctora le tomará la presión arterial y verificará si tiene alguna lesión previa en sus músculos o huesos que pudiera agravarse con el ejercicio. Si usted no ha hecho ejercicio en el pasado, tiene más de 35 años de edad y tiene factores de riesgo de una enfermedad del corazón, su doctora puede recomendar un electrocardiograma de estrés o una prueba sobre una estera mecánica (*treadmill*).

Obtenga asesoramiento. "Cuando usted empieza con su programa de ejercicio por primera vez, es muy importante obtener la supervisión de alguien que sepa acerca de ejercicio," dice Janet P. Wallace, Ph.D., profesora adjunta de cinesiología de la Universidad de Indiana, en Bloomington. Si lo hace sola, usted tenderá a excederse, así que encuentre a un entrenador que la mantenga en el camino correcto. Pregunte a los candidatos si han sido certificados por el Colegio de Medicina Deportiva de los Estados Unidos, el Consejo sobre Ejercicio de los Estados Unidos, la Asociación de Aeróbicos y Condición Física de los Estados Unidos, o la Asociación Nacional de Fuerza y Acondicionamiento. "Trabajar con un entrenador puede hacer que usted se mantenga en el programa," aconseja Joanne Stevenson, R.N., Ph.D., profesora de enfermería de la Universidad Estatal de Ohio en Columbus. Eso se debe a que si usted hace una cita para hacer ejercicio, existen menos probabilidades de que usted ponga a un lado el ejercicio por unas cuántas horas en el sofá de la casa.

Haga una cita fija. "En vez de ver el ejercicio como una actividad que se hace durante su tiempo libre, véalo como una necesidad", dice el doctor Mikesky. En otras palabras, haga una cita con usted misma para hacer ejercicio, y decida que no puede cancelarse, posponerse o volverse a programar. Respete esa cita tal cual lo haría con cualquier otra.

Haga ejercicios de calentamiento. "Es importante hacer ejercicios de calentamiento y estirarse antes de tirarse de cabeza en su sesión de ejercicio. Esto aumenta la circulación en los músculos, los hace más flexibles y ayuda a prevenir una lesión", verifica Mark Taranta, terapeuta físico y director de Physical Therapy Practice en Filadelfia. Trate de caminar, trotar despacio o andar en bicicleta a paso despacio por unos cuantos minutos hasta que empieza a sudar ligeramente. Luego estírese por ocho a diez minutos.

Disfrútelo. "Las personas tienen más éxito siguiendo un programa regular de ejercicio cuando escogen una actividad que disfrutan", indica la doctora Wallace. Si los ejercicios son aburridos o demasiado duros, usted dejará de hacerlos, así que pruebe distintos tipos hasta que encuentre el tipo de ejercicio que a usted realmente le guste.

Combínelas. "Las actividades aeróbicas no son las actividades más divertidas", dice la doctora Wallace, por eso trate de combinarlas con alguna otra actividad que a usted le guste. Si a usted le gusta el *racquetball* o el tenis (actividades anaeróbicas), trate de caminar durante 15 minutos antes o después. O combine diferentes clases de actividades aeróbicas. "Si usted está en el gimnasio con muchos equipos aeróbicos, muévase de uno al otro", dice ella. Pasar diez minutos en cada uno será menos aburrido. Por lo tanto pruebe la máquina escaladora (*stair climber*), después la bicicleta y después la estera mecánica (*treadmill*).

Vaya en pareja. "Piense ir al gimnasio con su esposo", sugiere la doctora Wallace. Un estudio de 16 parejas casadas de su institución determinó que el índice de abandono por parte de los individuos que iban al gimnasio con sus cónyuges era mucho más bajo (6 por ciento) que el de aquellos que iban solos (el 42 por ciento). "Ustedes no necesariamente tienen que hacer ejercicio juntos, nada más planeen ir juntos", dice la doctora Wallace.

Únase a un grupo. Si realmente tiene dificultades para hacer ejercicio por sí sola, considere la actividad en grupo. Participe en una clase de aeróbicos o en un grupo que corre. Empiece su propio club para caminar con compañeros del trabajo. Hacer ejercicio con otros le ayudará a perseverar en esto, dice la doctora Stevenson, porque va a tener que responder por usted misma. Si usted pierde una clase una semana, la próxima semana alguien le va a preguntar dónde estuvo, dice ella. Y eso puede ayudarla a motivarse a seguir con los ejercicios.

ENTRENAMIENTO DE RESISTENCIA

Forje su figura fácilmente

Usted ha visto a su abuela luchar para hacer las tareas más sencillas. Simplemente levantarse de la silla requiere toda su energía. Y caminar por el pasillo le toma una eternidad. Puede hacer todo esto por sí sola, pero sólo apenas.

Usted se jura que nunca llegará a estar así.

Por eso, usted hace muchos ejercicios aeróbicos, come bien y trata de dormir lo suficiente.

Pero, ¿no se está olvidando de algo?

Se llama entrenamiento de resistencia, conocido también como levantar pesas. Y puede ayudarle a tanto mantener como mejorar la calidad de su vida.

El entrenamiento de resistencia mejora la fuerza muscular y el aguante, cualidades que la capacitarán para hacer las actividades que le gustan hasta una edad bien avanzada. También puede mejorar su nivel de colesterol, aumentar la fuerza de los huesos, ayudarla a mantener o perder peso y mejorar la imagen de su cuerpo más su autoestima.

"Si las personas perseveran con esto, siguen siendo activas y hacen actividades que ponen presión en los músculos, pueden combatir algunos de los efectos de la vejez", dice Alan Mikesky, Ph.D., profesor de la Escuela de Educación Física de la Universidad de Indiana, en Indianapolis. "Las personas pueden continuar haciendo las cosas que disfrutan en la vida por más tiempo. Y no sólo eso, sino también pueden mantener su índice de rendimiento en lo que están haciendo", dice el doctor Mikesky.

Apodérese de las pesas

Uno de los beneficios más importantes y más obvios del entrenamiento de resistencia es su efecto en la fuerza de los músculos. Mantener y aumentar la fuerza muscular es crucial para mantener nuestra independencia al envejecer, dice Miriam E. Nelson, Ph.D., científica investigadora y fisióloga de ejercicio de la Universidad de Tufts en Boston. La fuerza muscular adecuada es lo que la hace capaz de hacer cosas como llevar su propio equipaje, subir escaleras y entrar y salir de la cama.

El entrenamiento de resistencia aumenta la fuerza muscular al poner más presión en un músculo de lo que éste está acostumbrado. Esta carga aumentada estimula el crecimiento de proteínas pequeñas dentro de las células de cada músculo que desempeñan un papel central en la capacidad de generar fuerza. "Cuando usted levanta pesas, pone presión o desafía a las células musculares, y éstas se adaptan al producir más proteínas que generan fuerza", dice el doctor Mikesky.

El entrenamiento de pesas también ayuda a mejorar el aguante de los músculos, indica el doctor Mikesky. Así que además de darle a usted la fuerza para levantar una maleta, le da el aguante necesario para cargar esa maleta por más tiempo.

No se necesita mucho tiempo para mejorar su fuerza muscular, dice el doctor Mikesky. "Usted puede aumentar la fuerza muy rápidamente, en tan poco como dos a tres semanas", señala él. Los aumentos notables en el tamaño de los músculos toman más tiempo, aproximadamente de seis a ocho semanas. Algunos estudios han mostrado aumentos de fuerza en un 100 por ciento o más en 12 semanas, dice él. La mala noticia es que usted puede perder los aumentos de fuerza igual de rápido. "Si se pierde una semana de sesiones de ejercicio y regresa y pone las mismas pesas, le va a costar más trabajo levantarlas", explica el doctor Mikesky.

Hay varios métodos para el entrenamiento de resistencia incluyendo pesas libres, máquinas con pesas, calistenia y entubado (*tubing*) de resistencia. Las pesas libres incluyen el uso de pesas de mano (mancuernas, *dumbells*) y barras con discos de pesas apilados; el que levanta es responsable tanto de levantar el peso como de determinar y controlar la posición del cuerpo a través de todo el ámbito del movimiento. Las máquinas de pesas, por otro lado, le permiten a usted levantar placas, pero la máquina impone el movimiento que usted efectúa. La calistenia, como las planchas (lagartijas) y los abdominales, utiliza el peso de su propio cuerpo como la fuerza de resistencia. El entubado de resistencia se trata de usar una banda elástica que proporciona resistencia a los músculos activos.

Hay diferentes teorías sobre cuál es el mejor tipo de programa de entrenamiento de resistencia que se debe seguir. Mucho depende de sus metas individuales. En general, levantar una pesa pesada en tres series de 8 a 12 repeticiones es la mejor forma de desarrollar fuerza. Y levantar una pesa más liviana para hacer más repeticiones ayuda a desarrollar el aguante y el tono.

Puede llegarle al corazón

Uno de los beneficios principales de entrenar con pesas es que puede mejorar su salud cardiovascular. Los estudios sobre el efecto de entrenar con pesas en los niveles del colesterol son discutibles, dice el doctor Mikesky, pero algunos estudios sugieren una mejoría en los niveles de colesterol similar a la del entrenamiento de resistencia, enfatiza él.

En un estudio de 88 mujeres saludables, colocaron a 46 de ellas en un programa de entrenamiento de resistencia que incluía ejercicios de levantar pesas para los grupos de músculos más importantes en los brazos, las piernas, el tronco y la parte baja de la espalda, y las mujeres restantes formaron un grupo de control. El grupo de entrenamiento de resistencia levantó un 70 por ciento de su peso máximo en tres series de ocho repeticiones tres días por semana. Cinco meses de entrenamiento de resistencia llevó a reducciones significativas en el colesterol total y en el colesterol LDL.

Mientras que los investigadores no entienden completamente cómo el levantar pesas disminuye el colesterol, un instrumento podría ser su efecto en la composición y peso del cuerpo, dice Janet Walberg-Rankin, Ph.D., profesora adjunta del Instituto Politécnico de Virginia en Blacksburg. El entrenamiento con pesas algunas veces resulta en la pérdida de peso y a la reducción de grasa en el cuerpo, lo cual puede causar que el colesterol disminuya, dice ella.

Peso para los huesos

El entrenamiento de resistencia también puede tener un efecto en la composición de su cuerpo. Los músculos queman más calorías que grasa, así que al aumentar la masa muscular, usted aumenta su ritmo metabólico y puede quemar las calorías y reducir el tejido adiposo.

Un estudio de mujeres cuyo consumo de calorías se restringió modestamente descubrió que cuando las mujeres usan entrenamiento con pesas además de hacer dieta, hubo un aumento en la masa cenceña del cuerpo aunque estaban perdiendo peso.

El entrenamiento de resistencia pone presión en los huesos así como en los músculos y de esa manera ayuda a aumentar la masa mineral de los huesos y a prevenir la osteoporosis, dicen los expertos. Mientras que el ejercicio aeróbico de cargar el propio peso, como caminar y correr, ayuda a mantener la fuerza de los huesos en las piernas y caderas, es menos efectivo para la columna vertebral y la parte superior del cuerpo. El entrenamiento de resistencia ayuda a mantener la fuerza de los huesos en esas áreas, dice la doctora Walberg-Rankin.

Un estudio de 40 mujeres entre los 17 y los 38 años de edad quienes todavía menstruaban realizado en la Universidad de Arizona, en Tucson, señaló que levantar pesas proporcionó un mayor estímulo para aumentar la densidad de los huesos que los ejercicios de aguante. Las mujeres que levantaron pesas tenían una mayor densidad de hueso en las muñecas, la columna vertebral y las caderas.

Véase mejor

Otro beneficio del entrenamiento es que nos ayuda a sentirnos mejor en cuanto a nuestra apariencia, lo cual levanta nuestra autoestima. Un estudio de 60 mujeres sedentarias entre los 35 y los 59 años de edad llevado a cabo en la Universidad Brigham Young en Provo, Utah, descubrió que las mujeres que levantaron pesas mejoraron las imágenes que tenían de su cuerpo dos veces más que las mujeres que participaron en un programa de caminar. Los investigadores encontraron que la imagen del cuerpo mejoró más en las mujeres que entrenaron fuerte y consistentemente.

Una razón por la cual el entrenamiento con pesas puede ser tan efectivo para estimular la autoestima es que los resultados son casi inmediatos. Además de poder ver el crecimiento de los músculos y el mejor tono muscular, es fácil detectar el progreso. "Uno sabrá dentro de dos semanas cuándo podrá levantar más peso en una máquina", dice la doctora Walberg-Rankin. Eso es un poco más fácil de detectar que una mejoría en su buena forma aeróbica, dice ella.

Cómo comenzar a entrenarse con pesas

¿Por qué esperar si ya podría estar levantando pesas? A continuación hay algunos consejos para empezar.

Examínela. Nos referimos a su salud. Si usted va a empezar un programa de entrenamiento de resistencia, debería ver a su doctor primero para un examen general, dice la doctora Walberg-Rankin. Su doctor le hará un examen físico y obtendrá un historial de su salud. Si usted tiene un historial familiar de osteoporosis, enfermedad del corazón o presión arterial alta, esté segura de mencionárselo.

Obtenga instrucción. Si usted va a comenzar un entrenamiento de resistencia, debe recibir instrucciones de una persona experimentada, dice la doctora Walberg-Rankin. Si usted pertenece a un gimnasio, pida que un instructor calificado la ayude. Vea si el instructor tiene una certificación del Colegio de Medicina Deportiva de los Estados Unidos o de la Asociación Nacional de Fuerza y Acondicionamiento. Su instructor puede ayudarle a decidir cuál es el mejor método de entrenamiento de resistencia para usted y empezarla en un programa. Si está haciendo un programa en la casa con una máquina de gimnasia o pesas de mano (mancuernas), consulte un video para aprender las técnicas apropiadas de levantar pesas, dice ella. Si está interesada en usar entubado (*tubing*) de resistencia, consulte con un terapeuta físico o con un fisiólogo de ejercicio.

Asegúrese de respirar. Mientras está levantando pesas, no aguante la respiración, dice la doctora Walberg-Rankin. Respire hacia afuera o hacia adentro mientras que las levanta, dice ella. Realmente no importa cuándo respira hacia adentro o hacia afuera, opina ella; sólo asegúrese de hacerlo durante todo el ejercicio. Si aguanta la respiración puede hacer que su presión arterial suba como un cohete lo cual puede ser muy peligroso.

Empiece paso a pasito. "Empiece con poco peso y progrese lentamente", dice el doctor Mikesky. Eso significa empezar con un peso que usted pueda levantar entre 10 a 15 veces y entonces progrese despacio durante las próximas semanas para levantar pesas más pesadas.

Sea persistente. Si usted es persistente y consistente acerca de levantar pesas, su fuerza debería aumentar gradualmente en un número de meses. Usted puede llegar a un punto, donde se quede 'estancada' dice Mark Taranta, un terapeuta físico en Filadelfia, Pensilvania, pero es importante seguir levantando pesas aun a ese nivel para mantener la fuerza.

Levante como a usted le gusta. Hay muchos distintos ejercicios para cada grupo de músculos. "Si a usted no le gusta algún ejercicio, no lo siga haciendo. Encuentre uno que le agrade", dice el doctor Mikesky.

Baje lentamente. Concéntrese en bajar las pesas despacio. Esa mitad del movimiento, llamada contracción negativa o excéntrica, en realidad estimula el crecimiento de los músculos, dice la doctora Nelson. Un método es tomar más tiempo al bajar la pesa que al levantarla. Trate de levantar la pesa a la cuenta de tres y bajarla a la cuenta de cuatro.

Empiece. Nunca es demasiado tarde para empezar con el entrenamiento de pesas, dice el doctor Mikesky. El músculo puede adaptarse y aumentar en fuerza hasta bien avanzada en sus años de vejez, dice él. La investigación en la Universidad de Tufts ha mostrado aumentos de fuerza entre el 100 y 200 por ciento en individuos bien avanzados en su década de los 90 años de edad.

LÍQUIDOS

Una corriente de juventud por todo su cuerpo

Allí están. Una cena íntima para dos a la luz de las velas. La voz de Luis Miguel sirve de fondo para esta noche romántica. Él mete la mano en el balde del hielo, saca una garrafa y vierte en su copa de pie largo. . . agua.

¿Qué es esto? Sólo un líquido incoloro, sin calorías y con una fuerza poderosa para rejuvenecer. El agua es una parte de todos nosotros. Presente en todas las células y los tejidos, desempeña un papel vital en casi todos los procesos biológicos incluyendo digestión, respiración y circulación. Transporta los nutrientes a través del cuerpo, y se lleva las toxinas perjudiciales y los productos de desperdicio fuera del cuerpo.

Debido a que el agua hace tanto, el cuerpo necesita un abastecimiento fresco y constante. "El agua necesita fluir continuamente, dentro, a través y fuera del cuerpo", dice Diane Grabowski, R.D, educadora de nutrición del Centro de Longevidad Pritikin, en Santa Mónica, California. "Eliminamos un mínimo de dos a tres cuartos de galón (aproximadamente dos a tres litros) diarios en nuestra orina, sudor y respiración, todo lo cual debe reponerse."

Y eso es solamente para satisfacer nuestras necesidades mínimas de salud. Tomar bastante agua es esencial para una mujer a fin de mantener todo desde la piel juvenil hasta los músculos fuertes. "Al satisfacer consistentemente sus necesidades de líquido diarias, logra que todos los órganos en su cuerpo funcionen mejor", dice Grabowski. "Es un ingrediente clave si usted quiere verse, sentirse y desempeñarse en su nivel óptimo."

A secas sin saberlo

A menos que usted sea un camello, su cuerpo sólo puede aguantar cerca de tres días sin agua antes de abandonar la partida. Pero no crea que la deshidratación ocurre sólo cuando está tan seca como un hueso. Técnicamente usted puede estar deshidratada aun cuando sus niveles internos de líquido sólo bajan un poco más de lo normal.

Generalmente, esto no es un problema porque su sentido de sed va a gritar, "yo necesito algo de agua . . . ¡AHORA!" Pero a veces sus poderes detectores de sed no pueden seguirle el ritmo a los otros factores, tales como el clima cálido, la gran altitud, el ejercicio, o la edad. Además, nuestra sensibilidad a la sed empieza a disminuir al envejecer.

Cuando usted se deshidrata, pierde agua y electrolitos valiosos, que son minerales esenciales en el agua como el potasio y el sodio. Esto la puede hacer sentirse sumamente vacía. "Cuando empiezan a faltarle los líquidos a nuestro cuerpo, el rendimiento físico y la fuerza cerebral empiezan a irse cuesta abajo", dice Miriam E. Nelson, Ph.D., una científica investigadora y fisióloga de la Universidad de Tufts, en Boston. "Mucho antes de que usted experimente la sensación de sed, su cuerpo puede presentar síntomas tales como la fatiga, el mareo, el dolor de cabeza y la piel enrojecida. Todas estas condiciones son causadas por un aumento en la temperatura del cuerpo."

La deshidratación frecuente o la que ocurre a largo plazo puede causarle muchos problemas, entre ellos un latido irregular del corazón, andar inestable, dificultad para tragar y falta de aliento. Los casos extremos de deshidratación pueden hasta causar que la piel y los labios se arruguen.

Llene el tanque

La llave del agua no es su única fuente de agua. Los

AVISO DE ALERTA PARA LA DESHIDRATACIÓN

La deshidratación puede aparecer de repente. Usted podría estar con un nivel de líquidos peligrosamente bajo y ni siquiera saberlo. Vigile estas señales de peligro.

SEÑALES TEMPRANAS

- Mareo, fatiga
- Debilidad, dolor de cabeza
- Piel enrojecida
- Boca seca
- Pérdida de apetito

SEÑALES AVANZADAS

- Vista borrosa, pérdida de la audición
- Dificultad para tragar
- Piel seca, caliente
- Pulso rápido, respiración corta
- Andar inestable
- Orinar extremadamente frecuente (especialmente si usted no ha estado tomando líquidos y la orina es turbia y de color amarillo intenso)

expertos recomiendan que necesitamos consumir de seis a ocho vasos de 8 onzas (24 ml) de líquido al día. Eso quiere decir seis a ocho vasos de agua, jugo, caldo u otras bebidas.

"Las personas con más peso requieren más, así que una buena regla es tratar de beber aproximadamente media onza (1.5 ml) por cada libra (454 g) de peso en el cuerpo", dice Grabowski. Si usted pesa 160 libras (73 kilos), eso quiere decir que debería tomar diez vasos de 8 onzas por día. Usted también necesitará más si está a dieta, si vive en un clima cálido o seco, o está enferma con fiebre, vomitando o con diarrea, todo los cuales puen de robarle líquidos a su cuerpo.

El agua está por todos lados, así que es relativamente fácil mantener su consumo adecuado de líquidos. Aquí hay algunos consejos para que empiece.

Amanezca con un vaso. Mientras usted dormía, su pobre cuerpo estuvo por horas sin agua. Así que al despertar, sírvase un vaso, dice Grabowski. No dependa de su café de la mañana. Aunque éste estimula, puede deshidratarla porque es un diurético.

Bébalo poco a poco. No trate de tragar todo su consumo diario de una sola vez. Se va a sentir como que va a reventar y, debido a que su cuerpo no puede soportar esa sobrecarga de líquido, usted excretará más, dice Grabowski. En lugar de eso, ella sugiere tomar agua varias veces durante el día (aproximadamente un vaso cada una o dos horas) para que esté constantemente hidratada. Tome más si hace calor o está húmedo o si sus ojos, boca o piel se sienten secos.

Coma regularmente. Gran parte de nuestro consumo diario de líquido proviene de las comidas. Consuma muchos alimentos ricos en agua como las frutas y verduras y siempre tome agua u otra bebida con su comida, dice Grabowski.

Descarte el alcohol y la cafeína. Los tragos, la cerveza, el café, el té y las colas son diuréticos, o sea, estimulan la excreción de líquido. Estas bebidas pueden saciar su sed al principio, pero a la larga extraen líquidos de su cuerpo, dice Grabowski.

Cuidado con los laxantes. Usar laxantes frecuentemente puede extraer una cantidad enorme de agua de su cuerpo e interrumpir las funciones normales de su sistema digestivo y de eliminación. Los laxantes no deben tomarse regularmente a menos que se encuentre bajo cuidado médico, dice Grabowski.

Póngale pulpa. Los aparatos hogareños para hacer jugo proporcionan un excelente medio para obtener sus líquidos diarios, dice

Grabowski. Pero algunos de estos dispositivos separan completamente el jugo de la pulpa de las frutas o verduras, la parte que contiene la concentración de fibra más alta así como los nutrientes adicionales y agua. Ponga algo de esa pulpa dentro de su vaso.

Cómo controlar el ejercicio y los líquidos

Una mujer puede sudar dos cuartos de galón (dos litros) por hora cuando está haciendo ejercicio o practicando algún deporte, especialmente si hay mucho calor y humedad, dice la doctora Nelson. Por eso es que las mujeres activas necesitan prestar atención a sus necesidades de líquido. Tenga los siguientes consejos en mente.

Beba antes, durante y después. Tome 8 a 20 onzas (24 a 60 ml) de agua una hora antes de empezar a hacer ejercicio, dice la doctora Nelson. "El tamaño del cuerpo y la temperatura en donde va a hacer ejercicio afectan la cantidad de agua que usted debería tomar. Mientras más grande sea su cuerpo y más calor haga, más agua necesitará", dice la doctora Nelson. Sin embargo, no se sobrepase con el agua; esto resultará en un rendimiento pobre, advierte la doctora Nelson. Los síntomas de tomar demasiada agua incluyen una sensación incómoda de estómago hinchado y retortijones (cólicos) estomacales. Mientras que esté haciendo ejercicio, trate de tomar entre media taza y tres cuartos de taza de agua cada diez minutos. Después, beba tanto como necesite para calmar su sed.

Pésese. ¿Cuánto debería tomar después del ejercicio? Si usted se pesa antes y después del ejercicio, podrá descubrir cuánta agua pierde. Por cada media libra (227 g) que usted pierda, beba 8 onzas (24 ml), dice la doctora Nelson.

Vaya más allá de la sed. Aunque su sed inmediata se sienta saciada, sus reservas de líquido en el cuerpo pueden no estar adecuadamente repuestas, dice la doctora Nelson. Para estar segura, tome unos cuantos sorbos más. Unos cuantos minutos más tarde, tome otro poco más, y así sucesivamente hasta cerca de una hora después.

Tómela fría. El agua fría bajará la temperatura de su cuerpo más rápidamente que el agua templada. También se dispersa mucho más rápidamente a los tejidos resecos del cuerpo, dice la doctora Nelson.

Adáptese a su medio ambiente. Si usted sale de un edificio con aire acondicionado en un día cálido e inmediatamente trata de trotar cinco millas (ocho km), el choque a su sistema sacará más agua de su cuerpo que si usted se acostumbra despacio al calor de afuera, dice la doctora Nelson.

Bloquee el sol. La luz solar directa en un día cálido de verano la secará como una ciruela pasa, dice la doctora Nelson. Si hace ejercicio en el calor bajo el sol, póngase un sombrero y ropa liviana y holgada que respira y deja entrar el aire fresco. "Si se siente mareada o desorientada, suspenda el ejercicio inmediatamente", advierte la doctora Nelson. Encuentre algo de sombra y líquidos para ayudarle a enfriar la temperatura de su cuerpo.

Empiece con prudencia. Si no ha estado haciendo ejercicio, no trate de empezar con un programa avanzado de ejercicio. Debido a que usted va a hacer un mayor esfuerzo, va a sudar más que alguien que está en mejor forma. Para evitar el riesgo de la deshidratación, comience su programa de ejercicio lentamente, acostúmbrese a hacer ejercicio y gradualmente aumente la intensidad. Esto contribuirá bastante para ayudar a su cuerpo a regular sus líquidos y temperatura, dice la doctora Nelson.

MAQUILLAJE

Deje que saque la cara por usted

¿Recuerda aquellos viejos tiempos en el mostrador de maquillaje de la botica? Usted y sus amigas solían comprar lápiz labial de color anaranjado brillante, rímel verde y sombra iridiscente para los ojos en cuatro tonos pastel, por no mencionar el rubor destellante, el esmalte negro para las uñas y las estrellas pequeñas para pegarse en la cara y las orejas.

¡Madre mía! ¿De veras hicimos eso?

Claro que sí. Pero ya no.

Para verse joven, fresca llena de vida —en vez de como un letrero de neón muy gastado— use el maquillaje a su favor. Veamos cómo puede lograr esto, empezando con lo básico: la base.

Use una base más oscura. Una de las primeras señales de que el tiempo está avanzando son las líneas finas que aparecen en nuestros rostros. Para suavizarlas, intente usar una base ligeramente más oscura que la que ha estado usando, dice Marina Valmy, cosmetóloga de la Christine Valmy Skin Care School, una escuela para el cuidado de la piel en la Ciudad de Nueva York.

"Si su cabello se está volviendo canoso o le gusta usar ropa negra, escoja una base con un tono ligeramente rosado o póngase una pequeña cantidad de rubor rosado sobre las mejillas, la frente, la nariz y el mentón", dice Carole Walderman, una cosmetóloga y presidenta de la Von Lee International School of Aesthetics and Makeup, una escuela de maquillaje y belleza en Baltimore.

La base correcta también equilibrará el tono del cutis.

Barra con la bacteria. En lugar de usar sus dedos, use un depresor de madera para la lengua o un palito de naranjo, disponibles en su farmacia, para sacar base de la botella, dice Leila Cohoon, una cosmetóloga y dueña de Leila's Skin Care, una compañía que se especializa en el cuidado del cutis en Independence, Misuri. Esto evitará que la bacteria entre en su maquillaje y destruya su potencia o cause un sarpullido en el cutis.

"Ponga un poco de la base con un aplicador limpio sobre una esponja para maquillaje que haya sido humedecida con agua limpia", dice Walderman.

Suavecito, suavecito. "Aplique la base muy suavemente, sin frotarla", dice Walderman. Frotarla con fuerza puede rasgar los tejidos delicados debajo del cutis. Cerca de sus ojos, use solamente su dedo anular, el cual ejerce menos presión que una esponja, y aplique desde el ángulo exterior del ojo hacia la nariz con toques cortos y suaves, dice ella.

Siga el camino correcto. Siempre aplíquese la base en la dirección en la que crezcan los pequeños vellos de su cara. Esto evita que los vellos "se ericen" y hará que la superficie del cutis se vea tersa.

Esconda y realce. Destaque sus mejores rasgos, como esos pómulos fantásticos, y oculte los defectos insignificantes, como esas pequeñas bolsas bajo los ojos, con un toque de disimulador (concealer) bien untado, dice Walderman. El disimulador se encuentra disponible en una amplia variedad de tonos, y uno ligeramente más claro que su base es el mejor para usted, añade ella. Para disimular las ojeras, aplique el disimulador solamente sobre la parte oscura con un cepillo pequeño. Si usted cubre el área por completo, a la luz del día puede hacer que los círculos se vean hinchados, dice Walderman.

Use polvo sólo si lo necesita. Use un polvo translúcido para dar un terminado "muy suave, sólo para quitar el brillo en las áreas grasosas como la nariz, la frente y el mentón, pero no lo amontone sobre la cara", dice Walderman. "Eso sólo acentuará cualquier línea o arruga."

Y evite los colores de polvo llamados *"pearlized"* (aperlados) o *"frosted"* (iridiscentcs). ¿Por qué? Estos contienen partículas de reflexión de luz que actúan como un realzador. Si usted realza las colinas (la superficie de su cutis), los valles (las arrugas o los poros grandes) se ven más profundos, dice Walderman.

Termine con un rocío. Si a usted le gusta tener una apariencia fresca, después de su base y polvo rócíese ligeramente con un tónico o agua destilada, dice Walderman. Éste humedece y fija su maquillaje sin que se vea terroso o pastoso.

Mejore sus mejillas

Usted tal vez no se ruborice tanto como cuando era una niña, pero aun es agradable dar una apariencia cálida a su cutis con un toque de color en las mejillas.

Aplíquelo sutilmente. Tenga como objetivo un sonrojo natural que apenas se note y no aplique el rubor muy cerca de la nariz, lo cual haría aparecer su nariz más ancha, dice Walderman. Aplique apenas una pizca de rubor en un ángulo de 45 grados sobre la mejilla a fin de "destacar" la cara para un aspecto más joven, dice ella. Nunca aplique el rubor más abajo de la base de la nariz o más arriba del ángulo exterior de los ojos.

SIETE TRAMPAS QUE EVITAR

Algunas de las técnicas de maquillaje que usted ha estado usando por años pueden hacer que se vea más vieja de lo que es. Para conservar su apariencia joven y natural, tenga cuidado con estos hábitos.

Sombras azules escandalosas. La sombra para ojos color turquesa, o cualquier azul brillante, ya pasó de moda hace mucho y no se debe usar según Leila Cohoon, una cosmetóloga y dueña de Leila's Skin Care, una compañía que se especializa en el cuidado del cutis en Independence, Misuri.

Bases enceradas. El maquillaje anticuado a base de cera es algo que usan las presentadoras de televisión sobre la cara pero que podría perjudicar el cutis, dice Cohoon.

Perfil tenebroso. El polvo oscuro para perfilar usado a lo largo de las mejillas para fingir que están hundidas es demasiado obvio, dice Carole Walderman, cosmetóloga, esteticista y presidenta de la Von Lee International School of Aesthetics and Makeup, una escuela de maquillaje y belleza, en Baltimore.

Mejillas de payasa. De vez en cuando usted todavía verá mujeres con pequeñas manchas rojizas de rubor en las mejillas. Eso ni es sútil ni le favorece, dice Cohoon.

Mandíbulas rojas. El rubor se debe poner en la parte de arriba y a lo largo de los pómulos, no hacia abajo y a lo largo de la línea de la mandíbula, lo cual le da una apariencia de tener una cara larga, dice Cohoon.

Cejas oscuras y pobladas. Usted no querrá sobreenfatizar las cejas cuando envejece, dice Walderman. Puede verse chillón y duro.

La máscara mate. Los expertos dicen, ¡manténgalo ligero, ligero, ligero! Un toque ligero de maquillaje puede darle un cutis natural de aspecto joven. Al recargarlo, se agregan años.

Hágalo desaparecer. Haga que el rubor se combine con el color de las mejillas completamente con un cepillo suave para maquillaje, haciéndolo desaparecer levemente apenas pase el ángulo exterior de los ojos hacia las sienes, dice Walderman.

Respete las líneas. Al aplicarse rubor, tenga en mente que nunca deberá pasarse de la línea vertical imaginaria dibujada a partir de la pupila, ni tampoco por debajo de la línea horizontal imaginaria dibujada a la altura de la punta de la nariz.

Los secretos de la sombra

Nuestros ojos todavía pueden ser las ventanas de nuestras almas, pero las sombras pueden empezar a verse un poco arrugadas con surcos y líneas. El maquillaje puede ocultar el cambio.

Úsela apenitas. Use menos sombra dice Valmy. Las dosis cargadas de sombra para los ojos pueden hacer que los pliegues y las líneas se noten más.

Consiga que le dure el maquillaje en los ojos. Si usted utiliza sombra de ojos en polvo, aplíquese corrector sobre los párpados antes de aplicarse la sombra. Esto ayuda a que la sombra se mantenga en su lugar.

Pruebe tres colores a la vez. Para darle a sus ojos una apariencia sencilla pero elegante, escoja tres tonos similares de sombra de ojos, de claro a oscuro. Aplíquese la sombra de tono claro sobre todo el párpado. Luego aplíquese la sombra de tono mediano sobre el pliegue del párpado o solamente sobre la parte inferior del párpado. Termine aplicándose la sombra de tono oscuro justo por encima de la línea de las pestañas.

Corrija con color. Si sus ojos se ven demasiado juntos, demasiado separados o les falta profundidad, o usted empieza a notar los párpados caídos, la sombra viene al rescate, dice Cohoon. "Si sus ojos están demasiado juntos, ponga sombra más oscura en la parte exterior del párpado superior", dice ella. "Si están demasiado separados, aplique la sombra oscura más hacia el centro."

Los ojos muy hundidos darán la impresión de venirse hacia adelante si usted usa los tonos más claros de sombra. Puede darles más profundidad a los ojos con maquillaje más oscuro de ojos. Sin embargo, recuerde usar un toque suave, agrega ella.

Si los párpados caídos son un problema, la mejor solución es una combinación suave de tres colores que estén relacionados, usando el más pálido bajo el hueso de la ceja. Eso disminuye el aspecto de piel en exceso, dice Cohoon. Pero no use sombra iridiscente, brillante o muy oscura.

Coordine las combinaciones. Si usted tiene ojos oscuros, use una sombra para ojos de un color café suave con una base rojiza, no verdosa, dice Valmy. Si sus ojos son claros, use una sombra café o gris con una base verdosa en lugar de azulada. La base verdosa toma los reflejos de los ojos claros, explica ella.

Evite ver doble. Si usted encuentra que a menudo tiene círculos oscuros bajo los ojos, evite sombras con un tinte ciruela o café. Estas acentuarán los círculos, dice Walderman.

El arte del delineador

Usted no tiene que abandonar el delineador, pero sí quiere una definición de los ojos más suave y sutil, dice Cohoon.

Cuidado con el color. A menos que usted tenga el tono de tez muy moreno, si usa un delineador negro se verá muy chillón. Las demás deberían escoger cafés suaves, marrón topo y grises en lugar de ése, sugiere Walderman.

Suavecito, suavecito. Afile sus lápices delineadores antes de cada uso, dice Walderman. ¿La razón? La punta más afilada facilita hacer la línea sin jalar la piel delicada de los párpados. Si usted usa un delineador líquido, nunca lo aplique en una línea recta y plana. Siempre tisne su delineador para que tenga un aspecto más suave, dice ella. Sumerja un aplicador limpio de algodón bajo el agua corriente y exprímalo primero antes de hacer que la línea se tizne.

Mantenga las líneas a raya. No deje que las líneas del delineador en los párpados superior e inferior se junten en el ángulo de los ojos. Si hace eso los ojos se verán más pequeños, explica Walderman.

Alargue la vida de su delineador. Para hacer que el delineador le dure más, apliquese delineador en polvo o sombra para los ojos cerca de la última línea, usando un cepillo delineador remojado en agua. Si usted utiliza un lápiz delineador, fíjelo con la aplicación posterior de polvo translúcido.

Cómo cuidar las pestañas y las cejas

Las pestañas y cejas se hacen más ralas con la edad, pero hay diferentes maneras de aumentar la ilusión de estar más llenas y sedosas.

Revitalícese con el rímel. El rímel todavía es el mejor amigo de las pestañas. Para evitar esos irritantes manchones y círculos de mapache bajo los ojos, después de aplicarse el rímel, dese un toquecito de polvo para la cara, con un cepillo pequeño, justamente debajo de las pestañas inferiores, dice Valmy.

Haga la prueba con las postizas. En la actualidad, hay pestañas artificiales disponibles de aspecto muy natural tanto en tiras como en grupos individuales, dice Walderman. Usted se aplica las tiras justo en la base de sus propias pestañas adhiriéndolas en su lugar sobre el párpado. Con la práctica, parecerá como si las pestañas crecieran de su propio párpado, dice ella.

Sin embargo, si usted usa las tiras de pestañas postizas, aplique primero el rímel solamente a sus propias pestañas y déjelo secar, o de lo contrario va a perder pestañas cuando desprenda la tira, dice Valmy.

Colocar un juego completo de pestañas individuales puede tomar hasta 45 minutos, dice Walderman. Pero éstas pueden permanecer en su lugar durante seis semanas hasta que sus propias pestañas completen su ciclo de crecimiento. Y permanecerán en su lugar cuando se duche y nade porque se adhieren con un pegamento permanente. Las pestañas individuales vienen en juegos de unas cuatro pestañas por raíz, y usted se coloca cada juego sobre una de sus propias pestañas. Evite los limpiadores a base de aceite alrededor de los ojos cuando las tenga puestas, porque estos desprenderán las pestañas, dice Walderman.

Intensifique sus pestañas. Puntee con un lápiz delineador negro entre sus pestañas superiores e inferiores. Esto hará que sus pestañas se vean más abundantes.

Acicale sus cejas. Una buena guía de color para las cejas es que una tonalidad más clara que su cabello hace que se vean más naturales, dice Walderman. Si su cabello es castaño claro, canoso o blanco, el marrón topo es el que más la favorece, dice ella.

Si las cejas son muy claras, puede usar un lápiz de grafito para escribir Nº 2. Ya no se hacen de plomo, así que no existe riesgo para su salud, dice Valmy. "Usted puede rellenar los lugares ralos, y se verá muy bien y natural, dice ella.

Cómo hacer lucir los labios

Los labios también son parte del cutis y a medida que envejece, pueden contribuir dándole un toque encantador de color al rostro.

Busque los corales. Los tonos corales son los mejores para los labios más mayores, dice Walderman. Si los tonos de su cutis son frescos, busque un coral rosado. Si son cálidos, un tono anaranjado le quedaría bien.

Pare el aspecto sangriento. Cuando el lápiz labial se corre en forma desagradable por las líneas delgadas de su labio superior, le da un aspecto sangriento a los labios. Un lápiz delineador para labios parará esto en seco, dice Valmy. Para hacer que el color de los labios se adhiera mejor y dure más, aplique el delineador de los labios alrededor de las orillas de sus labios. Aplique entonces el lápiz labial, empañe el exceso y póngase otra capa, dice ella.

Prolongue la vida de su lápiz labial. Para lograr que le dure el lápiz labial, aplíqueselo como si fuera esmalte de uñas. Comience con una capa base de pomada para los labios, seguida de dos capas de color, una con delineador para labios y otra con lápiz labial. Termine con una capa final de polvo translúcido (empolvándose los labios a través de una sola hoja de un pañuelo de papel).

MASAJE

Un toque esencial si quiere rejuvenecerse

Usted ha estado esperando esta hora de éxtasis durante toda la semana. Unas cuantas frotaciones y desaparece las tensiones del trabajo. Unas más, y se olvida de los problemas de la casa. Unos golpecitos, y ya no siente esos dolores en los músculos y articulaciones. Siente un alivio increíble, todo gracias a las manos fabulosas de la masajista.

Después de 45 minutos, esa magia rejuvenecedora funcionó otra vez. Nada de espalda dolorida. Nada de cuello tieso. Usted se levanta refrescada y relajada, dejando en la mesa de masaje lo que se siente como si fueran 20 años de dolores y preocupaciones.

"No hay nada que la haga sentir tan rejuvenecida como un masaje", dice Madeline P. Rudy, una terapeuta licenciada en masaje con Massage Therapy, un centro de terapia de masaje en West Reading, Pensilvania. "Si usted está buscando una forma de sentirse otra vez en sincronía y más joven, no hay nada mejor."

Estudios sobre el relajamiento

Cualquier mujer le dirá que un masaje viene de maravillas. Sin embargo, la ciencia médica todavía no sabe exactamente el porqué.

"Aún no existe mucha investigación al respecto", dice Tiffany Field, Ph.D., directora del Instituto de Investigación sobre el Toque en la Escuela de Medicina de la Universidad de Miami. Este instituto es la primera organización en el país dedicada a estudiar los beneficios médicos del masaje.

Sin embargo, la doctora Field dice que hemos obtenido algunas ideas sobre cómo funciona el masaje. Por un lado, parece que restringe la secreción de cortisol por parte del cuerpo. El cortisol es una hormona que desempeña un papel importante en provocar reacciones de estrés. Mientras menos cortisol usted produce, menos estrés puede sentir, dice la doctora Field. El masaje también ha mostrado mejorar la etapa profunda y tranquilizante del sueño. Y puede aumentar su producción de serotonina, una hormona vinculada con los cambios positivos del estado de ánimo y una inmunidad mejorada, dice la doctora Field.

(continúa en la página 130)

LO PUEDE HACER USTED MISMA

Algunas veces, ese masaje de los viernes en la tarde se ve como si estuviera a semanas de distancia. Usted sabe que se va a sentir bien cuando vaya, ¿pero mientras tanto qué?

Pruebe el automasaje. Estas técnicas sencillas pueden hacerle maravillas con sólo un par de pelotas de tenis y sus dos manos.

CABEZA

Ponga dos pelotas de tenis en una media (calcetín) y amarre el extremo. Recuéstese sobre la espalda en el suelo y coloque el calcetín detrás de la parte superior del cuello, para que las dos pelotas toquen el borde del cráneo justo arriba del lugar hueco. Permanezca así por 20 minutos. Escuche música sedante, si lo desea.

CARA

Solamente tóquese la cara. No hay necesidad de masajearla. En forma muy ligera, toque las mejillas y los sienes con las manos ahuecadas. No le ponga más presión que el peso de una moneda de cinco centavos. Mantenga las manos allí por un minuto.

MANDÍBULA

Jale suavemente los lados de las orejas derecho hacia afuera, luego derecho hacia arriba y después derecho hacia abajo. O, usando el dedo índice, presione el lugar sensible junto al lóbulo donde se junta con la cabeza. Oprima y suelte, alternando las orejas, de 10 a 15 veces.

TORSO

Obtenga un estímulo rápido al frotar el área arriba de los riñones. Eso está al nivel del la cintura donde el tejido aun es suave. Frote vigorosamente con los puños en un movimiento circular.

PIES

Pocas cosas del mundo son tan ricas como un masaje en los pies. Aquí hay algunas técnicas efectivas. Después de que usted las prueba en un pie, cambie de pie y repítalas.

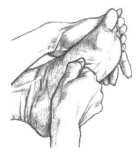

Haga un puño y presione a la planta del pie con los nudillos, moviéndose del talón a los dedos. Repita cinco veces.

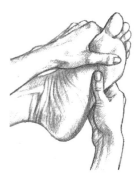

Siéntese en una silla y coloque un pie sobre el muslo opuesto. Frote un aceite para masaje o loción sobre el pie si así lo desea. Aplique presión con los pulgares sobre la planta del pie. Vaya desde el fondo del arco hacia la parte de arriba cerca del dedo gordo. Repita cinco veces.

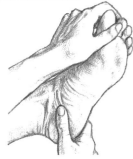

Masajee cada dedo mientras que lo sostiene firmemente y lo mueve de un lado al otro. Extienda cada dedo suavemente hacia afuera y lejos de la parte anterior de la planta del pie. Entonces aplique presión a las áreas entre los dedos.

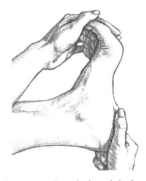

Sostenga los dedos del pie con una mano y dóblelos hacia atrás, sosténgalos así por cinco a diez segundos. Entonces dóblelos en la dirección opuesta y sosténgalos así por cinco a diez segundos. Repita tres veces.

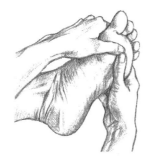

Presione y haga girar los pulgares entre los huesos de la parte anterior de la planta del pie.

En un estudio realizado al cuerpo docente y personal médico del Instituto de Investigación sobre el Toque, parece que 15 minutos de masaje diario logran disminuir la ansiedad, hacen a las personas más alertas y aumentan la velocidad a la cual pueden resolver los problemas de matemáticas. "La clave para una mejor planta laboral", dice la doctora Field, "podría ser un masaje regular".

El instituto está realizando una serie de 34 estudios, con cientos de participantes, para observar los efectos de la terapia de masaje en problemas que abarcan desde la depresión y el embarazo hasta la presión arterial alta y las migrañas. Los estudios también observarán cómo la terapia de masajes podría ayudar a los hombres que tienen resultados positivos de VIH (el virus de inmunodeficiencia humano que causa el SIDA) a mejorar su funcionamiento de inmunidad.

Por ahora, algunos médicos dicen que necesitan saber más acerca de lo que el masaje puede hacer antes de empezar a recetarlo como terapia.

"Nadie está dispuesto a aceptar una explicación confusa que involucre las metáforas de energía, toxinas, buenas vibraciones o cualquier otro verso poético", dice el doctor Larry Dossey, presidente adjunto del panel sobre Intervenciones Mente/Cuerpo de la Oficina de Medicina Alternativa de los Institutos Nacionales de Salud en Bethesda, Maryland.

Es posible que esa actitud esté cambiando. Muchas compañías de seguros cubren ahora el masaje si el médico lo ordena. Y algunos terapeutas de masaje señalan que algunos de sus mejores y más leales clientes son médicos.

Algunos consejos prácticos

Si usted está pensando en probar la terapia de masaje, Rudy dice que debe estar preparada para gastar entre $25 y $65 por sesión; la duración típica de una sesión es de aproximadamente 50 a 55 minutos. Vaya tan a menudo como quiera o como lo pueda afrontar económicamente. Para estar mejor asesorada, preste atención a los siguientes consejos.

Escoja cuidadosamente. El último lugar al que usted quiere ir es a un "salón" de masaje, con su clientela grimosa y algunas veces prácticas dudosas. Para encontrar un terapeuta de masaje respetable y calificado, haga preguntas antes de ir. "Busque en la guía telefónica", dice Rudy. "Asegúrese de que son miembros de la Asociación de Terapia de Masaje de los Estados Unidos (o *AMTA*, por sus siglas en inglés). Pregúnteles si fueron a escuelas reconocidas para aprender masaje. Y siempre evite lugares que ofrecen 'facturación discreta'. Eso es señal de que no son de fiar."

Escoja lo que le gusta. Cuando se trata de masajes, realmente hay diferentes tipos para diferentes personas. El masaje sueco, que usa técnicas de masajear, frotar y aceites de masaje, es el método en que la mayoría de las personas piensan. Pero también está el *shiatsu* o masaje oriental, en el cual una terapeuta trabaja sobre los puntos de presión a lo largo de los senderos de nervios para aliviar el dolor y el estrés. (Rudy dice que algunas personas pueden sentirse incómodas con este método.) Existe el masaje deportivo especializado que se concentra en aliviar los músculos y las articulaciones demasiado trabajadas. Y hay una cantidad de técnicas y subtécnicas como *Rolfing*, Feldenkrais, *Trager, Alexander* y *Astos-Patterning*, que ofrecen varios beneficios, entre ellos el alargamiento del cuerpo y el realineamiento de la columna vertebral; este método también ayuda con el mejoramiento de la postura.

"La clave es hablar con los terapeutas primero", dice Rudy. "Usted tiene que buscar a alguien cuya especialidad coincida con sus necesidades. Y usted necesita estar segura de que son legítimos."

Respete sus límites. El masaje es relajamiento. Y seamos francas: algunas mujeres no se sienten cómodas desnudándose para un masaje sueco. "Tal vez necesite más tiempo hasta llegar a ese punto. Este es su tiempo especial. Disfrútelo."

Los terapeutas deben estar conscientes de sus sentimientos. Deben cubrir las partes de su cuerpo en las que no están trabajando y no deben tocar sus senos o las áreas genitales. No deben preguntarle detalles íntimos de su vida o darle detalles de las de las suyas. Se supone que deben respetar sus deseos. Si no lo hacen, busque a otro terapeuta de masaje.

"Lo importante", dice Rudy, "es su salud y bienestar y el sentirse mejor. Si hay tensión o presión en una relación, vaya a otro lugar."

Sepa cuándo decir que no. El masaje no es para todos. Las normas de AMTA dicen que las personas con flebitis u otras afecciones circulatorias, algunas formas de cáncer o enfermedad del corazón, infecciones o fiebres no deberían usar la terapia de masaje. En la mayoría de los casos, evite el masaje por unos tres días después de sufrir una fractura o una torcedura seria. Si tiene alguna duda, consulte con su médico.

METAS

Mapas del camino a la vitalidad

Después de su primer paso, usted quería correr. Después de su primera voltereta, usted quería dar un salto mortal hacia atrás. Después de haber conseguido su primer empleo, usted quería uno mejor.

Usted ha tenido metas toda su vida. Cada vez que logra una tarea significativa, usted siente una oleada de orgullo y exuberancia. Como sucede con la mayoría de las mujeres, las metas son una parte esencial de su vida. Le dan vitalidad y energía; la mantienen en movimiento.

"Las metas hacen suponer que existe un futuro que vale la pena vivir", dice Marilee C. Goldberg, Ph.D., sicoterapeuta con consulta privada, en Lambertville, New Jersey, que se especializa en terapia cognitiva y de conducta. "Éstas la pueden alentar a seguir adelante, lo cual la mantiene optimista, y tener algo que esperar puede hacerla sentir más joven."

"Las metas sustentan en una mujer la sensación de bienestar y la hacen sentir que tiene un norte en la vida. Simplemente es natural sentirse mejor con usted misma y valiosa si está siendo productiva de alguna manera", dice el doctor Barry Rovner, siquiatra geriátrico del Centro Médico Thomas Jefferson en Filadelfia. "Es así de sencillo: así como su corazón necesita sangre, su mente necesita tener un punto central o una meta", dice él. "Las personas sin metas se sienten perdidas y a la deriva."

Le conviene al cuerpo

Todas nosotras tenemos metas, incluyendo las mundanas como, por ejemplo, pagar las cuentas a tiempo. De hecho, durante cualquier semana, la mujer común logra docenas de metas que pueden incluir alcanzar una cuota de ventas en el trabajo, llegar a la casa a tiempo para ver el partido de fútbol de su hija, o dar un paseo por la tarde con su esposo, dice Phil Karoly, Ph.D., profesor de sicología de la Universidad Estatal de Arizona, en Tempe.

Las metas también pueden ayudarla a mantener su mente y su cuerpo en condición óptima, dice el doctor Dennis Gersten, siquiatra con consultorio privado en San Diego, California. "Si usted no tiene metas, ¿qué pasa? No tendrá motivación para conservar la salud y mantener el cuerpo", dice él. "Su vida no tendrá sentido y no se sentirá completa. Por lo tanto, tener metas la hace sentir completa en lo espiritual, lo físico y lo emocional. Y el estar completa puede hacerla sentir más saludable y aliviar el estrés."

Cómo planear su estrategia

Sus metas no necesitan ser grandiosas o espectaculares para vigorizarla, dice el doctor Gersten. Pero ya sea que usted esté tratando de pasar más tiempo con su familia, organizar una venta en el jardín de su casa, o recaudar un millón de dólares para construir un nuevo centro comunitario, mientras más cuidadosamente usted defina sus metas, más probable será que sus sueños se conviertan en realidad. Aprenda a continuación a definirlas para poder lograrlas con el tiempo.

Escríbalas. Poner sus metas por escrito en un papel hará que sean más tangibles para usted, dice Howard Friedman, Ph.D., profesor de sicología de la Universidad de California, Riverside. Conserve su lista en un lugar conspicuo y marque las metas a medida que las realice. Asegúrese de incluir una mezcla de metas sencillas que la estimulen, tal como leer el periódico diariamente, y varias más difíciles que la desafíen, como aumentar su productividad en el trabajo en un 10 por ciento.

Logre las más importantes primero. Después de enumerar sus metas, decida cuáles son las más importantes para usted y empiece a tratar de alcanzarlas. "A menudo las personas logran las metas menos importantes primero, y las cosas que son realmente importantes para ellas nunca se realizan", dice el doctor Friedman.

Sea selectiva. Como dice el refrán, quien mucho abarca poco aprieta. Si tiene más metas de las que usted puede lograr de manera realista, agotará su energía y se sentirá desanimada y deprimida. Es mejor tener una o dos metas bien definidas que sean significativas para usted que una docena de metas menos importantes, dice el doctor Friedman.

Enamórese de ellas. Escoja metas que la apasionen, y habrá más probabilidad de que continúe con éstas, dice el doctor Gersten. Así que si usted empieza a coleccionar cucharas de plata, pero realmente no lo hace con ganas, lo más probable es que no seguirá con esto ni logrará su meta. Pero si usted es una admiradora del tenis, las probabilidades son que usted tendrá más éxito al lograr sus metas si colecciona autógrafos u otros objetos de interés relacionados con el tenis.

Póngase para lo positivo. "En lugar de concentrarse en lo que no quiere, invente una meta que exprese lo que usted sí quiere", dice el doctor Gersten. Las metas positivas son más placenteras y más efectivas que las negativas. Si dice por ejemplo, "no voy a comer pasteles de crema", está enfocando su atención en una meta negativa. Eso puede hacer más tentadores a los pasteles de crema. Una meta mejor sería, "voy a tener una alimentación más balanceada que incluya más verduras, frutas y cereales. Entonces, si quiero un pastel de crema ocasional para darme un gusto, puedo comerlo sin sentirme culpable."

Bájese de esa nube. Las metas no sólo necesitan ser específicas, deben ser realistas, dice la doctora Goldberg. Si usted dice que nunca más va a ver la televisión, eso probablemente no es realista porque las metas que incluyen las palabras absolutas "siempre" o "nunca" rara vez son realizables. Una meta más específica y razonable podría ser limitar el tiempo a no más de dos horas cada noche para ver la televisión.

Hágalo por su bien. Una meta que es un tormento alcanzarla o pone en peligro la salud no vale la pena. "Algunas mujeres dirán, 'me mataré para hacer esto'", dice la doctora Goldberg. "Usted tiene que tomar en cuenta su bienestar sin importar cuál es su meta. Así que si quiere plantar un jardín pero le duele la espalda, el forzarse a arrodillarse y hacerlo es una mala idea. Si realmente es tan importante para usted, pídale a una amistad o páguele a alguien para que lo haga."

Establezca plazos. Sin fechas límites para presionarnos un poquito, muchas de nosotras nunca alcanzaríamos nuestras metas. "Establecer un plazo no quiere decir que si no lo logra algo anda mal con usted", dice la doctora Goldberg. "Pero un límite de tiempo marca un punto de referencia para tener como objetivo. Entonces, si no ha logrado hacer todo lo que había planeado cuando el plazo se cumpla, perdónese, vuelva a evaluar su plan y ponga un plazo nuevo."

Divida y conquiste. Si divide su meta en varias etapas intermedias, su meta parecerá menos abrumadora y más realizable, dice la doctora Goldberg. Si usted quiere separar $2,500 durante los próximos dos años para un viaje a Inglaterra, probablemente le será más difícil ahorrar el dinero si trata de reunir la cantidad entera en vez de encontrar la forma de separar $3.50 diarios o $24 por semana.

Incluya a sus amistades. Si le cuenta a una amiga acerca de su meta, o mejor aún, hace que la ayude en alcanzarla, tendrá más motivación para continuar con esto, dice el doctor Friedman.

Inspírese por alguien. Si alguien a quien usted admira ha alcanzado una meta similar a la suya, use a esa persona como inspiración, dice el doctor Gersten. Ponga su fotografía o sus citas en un lugar tal como su escritorio o el refrigerador. Aparte un momento todos los días para imaginarse la emoción de alcanzar lo que ella logró.

Aprenda de los demás. Usted debería aprender del éxito de los otros, pero no debería tratar de superarlos. Si escribe canciones por ejemplo, debería estudiar el trabajo de los grandes artistas populares, pero no debería sentir que necesita vender más discos que Shakira o Gloria Estefan para ser exitosa. "Se estresará menos y será más creativa si trata de ser lo mejor que pueda, en lugar de tratar de ser la mejor del mundo", dice el doctor Gersten.

Olvídese de su ego. Prepárese para el rechazo y la crítica. De hecho, debería darle la bienvenida ya que la crítica puede ayudarla a enfocar su meta. "Cuando empieza a trabajar en una meta que es importante para usted, debería poner su ego a un lado y dejar que la gente haga pedazos su trabajo", dice el doctor Gersten. "Por ejemplo, yo estoy escribiendo un libro, por consiguiente se lo di a seis amistades y les pedí que lo despedazaran. Luego pagué a un editor para que hiciera lo mismo. Como resultado, tuve que reorganizar completamente el manuscrito. Pero si usted quiere alcanzar su meta con éxito, tiene que estar dispuesta a recibir crítica como esa."

Analícelas bien. Es muy bueno tener metas, pero si interfieren con su familia o su vida social, usted puede estar buscándose un problema, según Brian Little, Ph.D., un profesor de sicología de la Universidad de Carleton, en Ottawa, Ontario. "Su meta podría ser perder 20 libras (9 kilos), por lo tanto empieza a trotar una hora todas las mañanas", dice él. "Pero a menos que hable con su esposo, podría ser que no se dé cuenta de que a él le gusta platicar con usted durante esa hora porque es la única hora en el día cuando pueden estar juntos a solas antes de que los niños se levanten. Así que sus metas no sólo tienen que acomodarse a sus necesidades, también tienen que ser oportunas, justas y tomar en cuenta las necesidades sociales de las otras personas por las que usted siente afecto." En este caso, en lugar de trotar por una hora, quizás podría llegar a un arreglo y hacerlo por 30 minutos dos veces al día.

Visualice el éxito. Imagine que ya logró su meta y la gente está alabando su esfuerzo. Esto puede motivarla a alcanzar la meta y a hacerlo bien. "Yo imagino que el libro que estoy escribiendo está a la cabeza de la lista de bestséllers del periódico *New York Times*, y eso me hace sentir con ganas de crear el mejor libro que pueda", dice el doctor Gersten.

Dese un gustito. Recompénsese a usted misma, por ejemplo con un cassette nuevo de su artista favorita, una manicura o un yogur helado sin grasa cuando realice una meta, no importa qué tan pequeña sea, sugiere la doctora Goldberg. Esto sirve como un incentivo para establecer y lograr nuevas tareas. Y no se olvide de darse una palmadita en la espalda.

Actualice sus metas. "Es importante volver a evaluar sus metas cada seis meses, ya que las circunstancias pueden haber cambiado, y algunas metas quizás ya no se acomoden a sus necesidades actuales", dice la doctora Goldberg. Si tal es el caso, no se aferre a esto. Deje que se desvanezca y entonces escoja alguna otra cosa que sea importante para usted *ahora*.

OPTIMISMO

El poder del pensamiento positivo

A veces usted piensa que a la vecina alegre y jovial de enfrente le falta un tornillo. Aun cuando ella pasa por épocas difíciles, parece que siempre le encuentra el lado positivo a las cosas. Y usted se pregunta, "¿no se siente deprimida a veces, como el resto de nosotras? ¿Será que las optimistas no notan lo negativo de la vida?"

Absolutamente no. El optimismo no se trata de ignorar lo que es real, sino de estar consciente de sus pensamientos acerca de por qué pasan las cosas, dice Martin Seligman, Ph.D., profesor de sicología de la Universidad de Pensilvania, en Filadelfia.

Según el doctor Seligman, lo fundamental del optimismo está en cómo uno se explica a sí misma las experiencias negativas. Cuando algo malo le ocurre a una pesimista, es probable que piense que todo es su culpa, es permanente y todo se ha arruinado.

¿La explicación del optimista? Fue mala suerte, pasará y la próxima vez lo haré en forma diferente porque yo aprendo de mis experiencias. Con este tipo de razonamiento, una optimista tiene una sensación de mayor control sobre su futuro y su salud.

La conexión entre actitud y buena salud

El optimismo puede darle una verdadera capacidad de recuperación a medida que envejece. "La investigación ha mostrado que las actitudes y creencias optimistas están asociadas con menos enfermedades y más rápida recuperación de ellas", asegura Christopher Peterson, Ph.D., profesor de sicología de la Universidad de Michigan, en Ann Arbor.

Debido a que es más probable que las optimistas sientan que ellas pueden hacerse cargo de su salud y no sólo aceptar la vejez pasivamente, tienden a cuidarse mejor a sí mismas. "Duermen mejor, no beben ni fuman tanto, hacen ejercicio regularmente y están más libres de depresión", dice él.

Entonces, ¿quién tiene probabilidad de vivir más tiempo y de envejecer más lentamente? Si usted es fatalista y cree que no hay nada que pueda hacer para hacer más lento el proceso del envejecimiento, puede estar menos motivada para alejarse de los hábitos aceleradores de la edad, dice el doctor Peterson. Las optimistas, en cambio, tienden a tomar decisiones más saludables.

"Y cuando las optimistas realmente se enferman", dice el doctor Peterson, "ellas van al doctor, paran y descansan, convencidas de que eso dará resultado. Se quedan en casa, toman líquidos y siguen las indicaciones del doctor. Se dan la oportunidad de sanar."

Cómo aprender a pensar de manera positiva

¿Qué sucede si escarbar en el jardín de la negatividad ha sido su hábito de toda la vida? Usted puede aprender a cultivar una actitud más optimista, y nunca es demasiado tarde para empezar, dice el doctor Seligman. "Yo nací pesimista, así que he tenido que aprender estas técnicas y las uso todos los días", dice él.

Observe cómo se sienten sus amigas. Fíjese en la actitud de sus amigas, aconseja el doctor Peterson. "El optimismo y el pesimismo son ambos estados contagiosos", dice él. "Así que para 'contraer' optimismo, asóciese tanto como le sea posible con personas positivas."

Negocie con los negativos. De la misma forma, usted no puede ser la única optimista en una familia de pesimistas, dice el doctor Peterson. Usted tiene la probabilidad de darse por vencida al escuchar comentarios negativos continuamente y volverse usted misma pesimista. Por lo tanto, si es uno de los miembros de la familia el que suelta negatividad todo el día, trate de decirle: "Realmente me sacas de quicio cuando hablas así. En su lugar, ¿no podemos ser negativos solamente una vez a la semana?"

Saboree sus éxitos. Estamos entrenados para ser modestos, dice el doctor Peterson, pero no hay necesidad de menospreciar sus propios triunfos diciendo "fue suerte nada más". En lugar de eso puede decirse a sí misma "yo realmente hice un esfuerzo, hice un buen trabajo y estoy muy orgullosa de mí misma", dice él. Esa es la forma de pensar del optimista acerca de los sucesos buenos que usted consiguió por sus propios méritos.

Sea realista sin ser pesimista. El optimismo no quiere decir que usted no está consciente de los hechos concretos, dice el doctor Rakowski. "Sea realista acerca de lo que ha sucedido en su vida: 'sí, ha sido duro'; 'yo fui una víctima de las circunstancias en esa ocasión'; 'esa fue mi culpa'; 'esa no fue'; 'yo hice eso bien'". Y entonces aproveche del optimismo para resolver eso, a pesar de todo. Dígase: "con esfuerzo, iniciativa y buena suerte, yo todavía tengo cosas buenas que esperar", dice él.

Si del cielo le caen limones, aprenda cómo hacer limonada. Algunas personas se enfrentan a una serie de adversidades y todavía se llaman optimistas, dice el doctor Rakowski. ¿Por qué? "Cuando usted es optimista, usted también cree: 'yo puedo sacar el mejor partido de lo que tengo'", dice él. "Algunas veces necesita redefinir sus objetivos y olvidarse de una expectativa inicial. Entonces, su objetivo básico todavía es sacar el mejor partido de lo que tiene."

Aléjese de sus creencias. Es esencial darse cuenta de que sus creencias son sólo eso, creencias, no hechos, dice el doctor Seligman. Si una rival envidiosa en el trabajo le dice a usted: "tú eres una administradora muy mala y nunca vas a llegar a nada en este negocio", usted sabe que debería ignorar sus insultos. ¿Pero qué pasa con las cosas maliciosas que nos decimos a nosotras mismas? ("No puedo cuadrar bien mis finanzas. Soy tan estúpida.") Éstas pueden ser justamente tan infundadas como los insultos de envidia, pero solamente es una manera de pensar en forma equivocada, o sea, un reflejo mental en el cual usted no tiene que creer. "Verifique la exactitud de sus creencias reflexivas y discuta con usted misma", recomienda él.

Cambie las consecuencias. Cuando usted se enfrenta a una situación difícil, suceden tres cosas. El doctor Seligman dice que estas cosas siguen este patrón: usted le responde a una *adversidad* con una *creencia*, la cual determina la *consecuencia*. Por ejemplo, supongamos que mañana usted empiece un programa de ejercicio por primera vez en su vida. Ya que usted es un principiante, probablemente se cansará fácilmente. Ese cansancio es la adversidad, y si usted responde a ésta con una creencia optimista (por ejemplo, "Bueno, con el tiempo seguro que me pondré en mejor forma"), la consecuencia es que se sentirá mejor, podrá continuar con los ejercicios y con el tiempo, estará en mejor forma. Pero si hubiera reaccionado ante esa adversidad con una creencia negativa ("Para qué seguir con esto, me va a tomar una eternidad para ponerme en forma"), esto hubiera producido la consecuencia igualmente negativa de que usted piense que está condenada a ser fofa y nunca hará más ejercicio.

Pare en seco los pensamientos negativos. Cuando usted está consciente de sus pensamientos negativos, puede aprender a detener el pensamiento pesimista. Cuando un pensamiento negativo persistente pasa repetidamente por su mente, intente técnicas como estas: dé una palmada fuerte sobre el escritorio y diga, en voz alta: "¡Alto!". O póngase una liga elástica alrededor de la muñeca y cada vez que tenga el pensamiento jálela

A VECES EL PESIMISMO VALE LA PENA

Aunque el pesimismo extremo nunca le conviene a nadie, algunos trabajos exigen una dosis constante de realismo. Y en estos campos el pesimismo moderado puede significar éxito, dice Martin Seligman, Ph.D., profesor de sicología de la Universidad de Pensilvania, en Filadelfia.

Según el doctor Seligman, las pesimistas moderadas tienen éxito en estas áreas:

- Ingeniería de diseño y seguridad
- Cálculo técnico y financiero
- Negociación de contratos
- Control financiero y contabilidad
- Leyes (pero no litigio)
- Administración de negocios
- Estadística
- Redacción técnica
- Control de calidad
- Administración de personal y relaciones industriales

¿Cuándo necesita usted ser una optimista acérrima? Un punto de vista optimista es una necesidad en ventas, corretaje, relaciones públicas, actuación, recaudación de fondos, trabajos creativos, trabajos altamente competitivos y trabajos de alto agotamiento, dice él.

y suéltela. (Esto le ayudará a espabilarse). O escriba el pensamiento y separe un tiempo para después pensar en él. Estas técnicas pueden detener una racha de pesimismo antes de que empiece.

Haga el bien sin mirar a quién. Si circunstancias penosas la han hecho infeliz, hacer lo que pueda para ayudar a otros puede darle a usted un punto de vista más optimista, dice el doctor Rakowski. Ya sea que haga trabajo voluntario o simplemente ofrezca a una amiga escuchar sus problemas, usted puede encontrar una manera de dar, dice él. Hay una verdadera sensación de realización al dar que puede sacarla de su pena, dice él.

Pida ayuda para la depresión. "Si usted es una pesimista de verdad, las probabilidades son que está bastante deprimida", dice el doctor Peterson. "Hay una buena probabilidad de que si usted recibe una terapia para la depresión la hará sentirse más saludable y mejorará su vida." La terapia de conducta cognitiva, durante la cual usted aprende a desafiar las formas derrotistas de pensar, es particularmente útil para revertir la depresión, dice él. Las personas crónicamente infelices hacen un comentario negativo continuo sobre sus vidas del cual, a menudo, no están conscientes, dice él. Un terapeuta puede enseñarle maneras de distraerse cuando usted está en ese estado de ánimo. Estas técnicas no reducirán la frecuencia de los episodios de depresión que usted tenga, pero sí los hará más cortos, dice él. Y en algunos casos, una receta para medicamentos antidepresivos posiblemente ayude.

Relajamiento

Cómo quitarse años con calma

Entre la familia y el trabajo, a veces sentimos que no tenemos tiempo ni para respirar. De hecho, muchos de nosotras pensamos que relajarnos es un lujo que no nos podemos dar.

Pero en realidad, el relajamiento es una necesidad si usted quiere permanecer vigorosa, productiva y saludable. "Hay tres cosas principales que usted puede hacer para prolongar su vida. Una es hacer ejercicio, otra es mantener una nutrición correcta y la última es relajarse. El relajamiento es importante para prevenir afecciones y aumentar su eficiencia en la vida", dice Frank J. McGuigan, Ph.D., director del Instituto de Manejo de Estrés en la Universidad Internacional de los Estados Unidos, en San Diego.

El relajamiento y la salud

Cuando está atascada en el tráfico, luchando para cumplir con un plazo o enfrentándose a cualquier otra situación tensa, sus músculos se ponen tensos, usted respira más rápida y profundamente, su corazón late más rápidamente, los vasos sanguíneos se contraen y la presión arterial se eleva, el tracto digestivo se cierra y el sudor aumenta. Al pasar el tiempo, el estrés constante eleva la presión arterial, los niveles del colesterol y la cantidad de plaquetas en la sangre. Todo esto puede resultar en la arteriosclerosis (el endurecimiento de las arterias) y los ataques al corazón. Agregue a esto los otros riesgos del estilo de vida moderna, tales como una alimentación alta en grasa y muy poco ejercicio, y usted podría ser una bomba a punto de estallar.

No queremos preocuparla aun más, pero hay más información con respecto al estrés que no le va a gustar. Resulta que está vinculado con las úlceras y la colitis y puede provocar dolores de espalda, dolores de cabeza, dolores de piernas, fatiga crónica, depresión, ansiedad e insomnio. También puede agravar la artritis y la diabetes, dice el doctor McGuigan. De hecho, ocho de diez personas examinadas por los médicos de cabecera tienen síntomas relacionados con el estrés, dice el doctor Robert S. Eliot, director del Instituto de Medicina de Estrés, en Jackson Hole, Wyoming.

Afortunadamente, el practicar las técnicas de relajamiento puede aliviar o prevenir casi todos los efectos dañinos del estrés crónico, opina Herbert Benson, profesor adjunto de medicina de la Escuela de Medicina de Harvard en Boston, Massachusetts.

El entrenamiento para aprender a relajarse, por ejemplo, es un elemento esencial en un programa exitoso para abrir las arterias tapadas y revertir la enfermedad del corazón sin cirugía, aplicado por primera vez por el doctor Dean Ornish, presidente y director del Instituto de Investigación de Medicina Preventiva, en Sausalito, California.

El relajamiento también puede aliviar los dolores de la parte baja de la espalda y de la cabeza. El relajamiento de los músculos, por ejemplo, ayudó a 21 personas cuyos fuertes dolores de cabeza por tensión crónica no se calmaron con las drogas, a reducir el número y la intensidad de sus dolores de cabeza en un 42 por ciento, según los investigadores del Centro para Trastornos de Estrés y Ansiedad, en la Universidad Estatal de Nueva York, en Albany. Otro grupo de personas quienes simplemente siguieron con atención la actividad de sus dolores de cabeza no mostraron ningún mejoría en absoluto.

Tips para tranquilizarse

Bien. Ya sabemos lo mucho que nos ayuda el relajamiento. Pero la pregunta del millón es, con esta vida tan ajetreada, ¿cómo hacerlo? Pues aquí le ofrecemos lo que dicen los expertos, cuyos consejos abarcan todo desde la alimentación hasta técnicas especiales para relajarse.

No hay un método único que sea apropiado para todos. La clave es encontrar uno con el cual usted se sienta cómoda. Aquí hay algunas ideas para empezar.

Cálmese con los carbohidratos. Según el doctor Eliot, los carbohidratos provocan la emisión de las hormonas que la relajan. Así que si usted quiere relajarse por la noche, coma un plato de espaguetis, frijoles (habichuelas) horneados u otros carbohidratos complejos en la cena.

Apúntelos. Más de una docena de estudios han mostrado que si usted escribe acerca de sus problemas puede aliviar el estrés, mejorar su inmunidad, consultar con menos frecuencia al médico y tener una perspectiva más optimista de la vida, dice James Pennebaker, Ph.D., profesor de sicología en la Universidad Metodista del Sur en Dallas. Pase 20 minutos todos los días escribiendo acerca de sus pensamientos y sentimientos más profundos, sugiere el doctor Pennebaker. No se preocupe acerca de la gramática y el estilo; simplemente escriba cómo se siente acerca de las cosas que realmente la molestan. Entonces, cuando haya terminado, tire el papel a la basura. Usted posiblemente sentirá una sensación de alivio cuando haya terminado.

Relájese riéndose. El humor es una técnica potente de relajamiento, dice el doctor Eliot. La risa dispara endorfinas, sustancias químicas en el cerebro que producen los sentimientos de euforia. También restringe la producción de cortisol, una hormona emitida cuando usted está bajo estrés que indirectamente eleva la presión arterial al causar que el cuerpo retenga sal. Así que búsquese una amiga cómica para que le cuente un chiste o diviértase con un programa de humor en la tele.

Duerma a pata ancha. Obtenga suficiente sueño ininterrumpido, aconseja el doctor Eliot. Si usted duerme menos de lo que necesita, podría despertar sintiéndose tensa e incapaz de enfrentarse a las complicaciones básicas de la vida. Trate de conseguir por lo menos de seis a ocho horas de sueño todas las noches. Evite el alcohol o las píldoras para dormir. Aunque es posible que estos la ayuden a dormirse, también pueden interferir con sus patrones naturales de sueño y de hecho causar que descanse menos cuando duerma, advierte el doctor Eliot.

Hágale caso. Prestar atención a su propia respiración es una forma sencilla de meditación que puede ser muy relajante, dice Saki Santorelli, Ed.D., director adjunto de la Clínica de Reducción de Estrés en el Centro Médico de la Universidad de Massachusetts, en Worcester. Siéntese en una silla cómoda o en el piso para que su espalda, cuello y cabeza estén derechos pero no rígidos. Exhalando profundamente, permita que la inhalación ocurra naturalmente. Simplemente preste atención a la elevación y caída ligera de su abdomen, el movimiento de sus costillas o la sensación de su respiración al pasar a través de sus senos nasales. No hay necesidad de tratar de "relajarse". Enfoque su mente sólo en la respiración. Si su mente empieza a vagar, condúzcala despacio para que se enfoque nuevamente en la respiración.

Como una alternativa, acuéstese en el piso, ponga un libro sobre el abdomen y respire varias veces en forma lenta y profunda, sugiere el doctor Eliot. Concéntrese en el libro moviéndose para arriba y para abajo sobre la barriga. Al inhalar, piense dentro de sí misma "mente fresca, clara". Entonces, al exhalar, piense "cuerpo calmado, relajado."

¡Muévalo! El ejercicio dispara endorfinas, pero ejercitar la mente y el cuerpo simultáneamente podría producir aun mejores resultados, según los investigadores del Centro Médico de la Universidad de Massachusetts, en Worcester. Ellos les pidieron a 40 personas sedentarias que empezaran a caminar 35 a 40 minutos cada día, tres veces a la semana mientras escuchaban cassettes de relajación. Los cassettes guiaron a los caminantes a través de la meditación que los ayudó a seguir el ritmo de "uno-dos" con sus pasos. Los investigadores concluyeron que esta rutina provocó más sensaciones de euforia y redujo más la ansiedad en comparación con un grupo similar que hizo ejercicio con la misma intensidad pero no escuchó los cassettes.

Para intentar esto, escoja un ejercicio (tal como caminar, correr, nadar, subir escaleras o saltar la cuerda) que tenga un ritmo natural. Enfoque su atención en ese ritmo, hasta el punto de repetir las palabras "uno, dos" en su cabeza en cadencia con el ejercicio. Trate de mantenerse en ese ritmo. Al igual que con la respiración u otro tipo de meditación, su mente puede empezar a vagar después de un par de minutos. Si eso pasa, vuelva a enfocar su atención en los movimientos repetitivos del ejercicio, dice el doctor Benson.

Trate de hacer esto 20 minutos al día, tres veces por semana, sugiere el doctor Benson.

Muestre sus músculos. Hay cerca de 1,030 músculos esqueléticos en el cuerpo. Cuando usted se siente tensa, estos músculos se contraen naturalmente y crean tensión, dice el doctor McGuigan. Una forma de contrarrestar eso es el relajamiento progresivo. Al flexionar y descansar los músculos sistemáticamente, el relajamiento progresivo puede sacudir esa tensión fuera de su cuerpo.

"Es una buena técnica para los principiantes porque es práctica y no depende de la imaginación", dice Martha Davis, Ph.D., una sicóloga en el Centro Médico Kaiser Permanente, en Santa Clara, California. "Funciona porque exagera la tensión en el músculo para que usted se vuelva más consciente de cómo se siente la tensión. En segundo término, usted fatiga al músculo para que cuando lo suelte, el músculo esté más que listo para relajarse", dice ella.

Aunque hay muchas variaciones, la doctora Davis sugiere este enfoque: haga un puño con su mano derecha tan apretado como pueda. Manténgalo apretado por cerca de diez segundos y entonces afloje. Sienta la flojedad en su mano derecha y note cuánto más relajado se siente ahora que cuando la tenía apretada. Haga lo mismo con la mano izquierda, después haga los dos puños al mismo tiempo. Flexione los codos y tense los brazos. Afloje y deje que los brazos cuelguen a los lados. Continúe este proceso al tensar y relajar sus hombros y cuello, arrugar y después descansar su frente y entrecejo. Luego, cierre los ojos y apriete la mandíbula antes de pasar a tensar y después relajar su estómago, parte baja de la espalda, muslos, asentaderas, pantorrillas y pies. Debería tomar cerca de diez minutos para completar toda la secuencia. Trate de hacer estos ejercicios dos veces al día.

Estírelos también. A diferencia del relajamiento progresivo, el cual contrae los músculos, el estiramiento suave permite a los músculos estirarse y relajarse. Eso es mejor para algunas personas, especialmente aquellas con dolor crónico muscular, dice Charles Carlson, Ph.D., profesor de sicología de la Universidad de Kentucky, en Lexington.

"El estiramiento suave hace dos cosas", dice el doctor Carlson. Primero, si usted estira suavemente un músculo y lo descansa, por lo general se relajará. Pero, segundo, cuando usted enfoca su atención en el estiramiento, también ayuda a la mente a descansar. El estiramiento de los músculos siempre debería hacerse despacio y sin dolor. No debería haber estiramiento de más o rebote de los músculos."

Como un ejemplo del relajamiento basado en el estiramiento, empiece por empujar sus cejas hacia arriba usando los dedos índices y empujar las mejillas hacia abajo con los pulgares. (Mientras está haciendo cualquiera de estos ejercicios de estiramiento, note cómo se siente la tensión para que usted aprenda a controlar su tensión muscular, aconseja el doctor Carlson). Mantenga esa posición por unos diez segundos, entonces suelte y deje que los músculos alrededor de sus ojos se relajen. Después de un minuto de relajar sus músculos, deje colgar la cabeza lentamente hacia su hombro derecho por unos diez segundos, entonces lentamente deje colgar la cabeza hacia el hombro izquierdo por otros diez segundos.

A continuación, a la altura del pecho, coloque las manos juntas como si estuviera rezando. Entonces, mantenga las puntas de los dedos y las palmas juntas, extienda los dedos como si estuviera creando un abanico. Mueva los pulgares para abajo a lo largo de la línea media del cuerpo hasta que sienta un estiramiento ligero en la parte baja de los brazos. Mantenga esta posición por diez segundos. Entonces descanse. Para hacer un tercer ejercicio, entrelace los dedos y levante las manos sobre la cabeza. Enderece los codos y haga girar las palmas hacia afuera. Deje que sus brazos caigan sobre su cabeza hasta que sienta resistencia. Mantenga esta posición por diez segundos, entonces suelte rápidamente y deje que los brazos descansen al lado del cuerpo por un minuto.

Haga estos ejercicios por lo menos una vez al día o cada vez que se sienta tensa.

Sexo

Parte integral de nuestro bienestar

Por años, usted y sus amigas se han preguntado acerca de la "luminosidad" que una mujer supuestamente adquiere después de tener buenas relaciones sexuales. ¿Pero, cuántas de ustedes realmente la han visto?

La próxima vez que usted se sienta bien después de tener relaciones sexuales, levántese y mírese en el espejo: usted es bonita, segura de sí misma, vigorosa y viva. ¿Lo ve? Realmente hay una luminosidad.

Usted sabe por qué se siente tan bien. Pero esa luminosidad es más que una sensación. Los científicos la atribuyen a las endorfinas, sustancias químicas que se secretan en el cerebro después de tener relaciones sexuales. Estas sustancias químicas crean una sensación de euforia y alivian su estrés, dice la doctora Helen S. Kaplan, Ph.D., directora del Programa de Hospital de Nueva York en la Ciudad de Nueva York.

Los investigadores médicos dicen que las dosis regulares de sexo también pueden aliviar los achaques y dolores, estimular la creatividad, revolucionar su energía y hacer que se sienta joven.

Por ejemplo, el sexo ha ayudado a las mujeres a sobrellevar el dolor de las enfermedades crónicas tales como la artritis, dice el doctor Sanford Roth, reumatólogo y director del Centro para la Artritis en Phoenix. Las endorfinas alivian el dolor, pero el doctor Roth cree que el sexo también tiene un impacto sicológico vital. "Muchas veces, cuando los pacientes vienen a verme, el dolor no es el tema número uno. Ellos están más preocupados acerca de cómo la enfermedad está afectando la calidad de sus vidas, y la sexualidad es una parte importante de eso", dice el doctor Roth. "Por ello, mantener la función sexual ante la presencia de la enfermedad ayuda a las personas a sentirse mejor acerca de ellas mismas y sus vidas."

El sexo también podría poner fin al dolor que dio origen a la vieja excusa "esta noche no, querido, me duele la cabeza". Aunque el sexo no es una cura infalible, los investigadores han encontrado que realmente puede ayudar a aliviar algunos dolores de cabeza. En un estudio pequeño, el 47 por ciento de las personas con migrañas dijeron que las relaciones sexuales habían aliviado su dolor, según el doctor George H. Sands, profesor auxiliar de neurología en la Escuela de Medicina Mount Sinai, en la

Ciudad de Nueva York. Una posible razón es que los orgasmos provocan un corto circuito en la actividad del sistema nervioso que es causante del dolor. (Por otro lado, a veces el sexo puede *causar* dolores de cabeza. Si eso sucede, discútalo con su doctor.)

Cómo mejorar las relaciones

Para las buenas relaciones sexuales, mantenga su cuerpo saludable al evitar los cigarrillos y los alimentos grasosos que pueden obstruir los vasos sanguíneos y hacer la excitación y el orgasmo difíciles. Aquí hay algunos consejos para agregarle un poco de 'picante' a su vida sexual.

Estimule el esqueleto. Los ejercicios aeróbicos tres veces por semana, 20 a 30 minutos por sesión, pueden mejorar su apetito y desempeño sexuales, dice el doctor Roger Crenshaw, siquiatra y terapeuta sexual con consulta privada en la Jolla, California. Los investigadores en

CÓMO ELEGIR EL MEJOR ANTICONCEPTIVO PARA USTED

Aunque ningún método para controlar la natalidad tiene un éxito de un 100 por ciento, un anticonceptivo puede ser una protección poderosa contra el embarazo y las enfermedades transmitidas sexualmente (*STD* por sus siglas en inglés) si se usa correctamente, dice el doctor Michael Brodman, profesor de obstetricia y ginecología de la Escuela de Medicina Mount Sinai de la Universidad de la Ciudad de Nueva York.

Hay muchos tipos de control de la natalidad disponibles para las mujeres, los cuales incluyen la píldora anticonceptiva, los dispositivos intrauterinos (*IUDs* por sus siglas en inglés), los diafragmas, los condones femeninos, las esponjas, los espermicidas, las inyecciones hormonales y una varilla conceptiva que se implanta quirúrgicamente y que funciona por cinco años.

Es posible que escoger el método de control de la natalidad correcto para usted requiera el consejo de su doctor. Pero unas cuantas pautas generales podrán ayudarla a hacer su elección, dice el doctor Brodman.

el Colegio Bentley, en Waltham, Massachusetts, encontraron por
ejemplo, que las mujeres en su década de los 40 años de edad que nadaban
con regularidad tenían sexo cerca de siete veces por mes y lo disfrutaban
más que sus colegas sedentarias, quienes solamente tenían sexo tres veces
por mes. En otras palabras, las nadadoras eran tan sexualmente activas
como las mujeres 10 a 20 años más jóvenes.

Hable al respecto. Hablar con su compañero ayuda para que
ambos puedan explicar lo que cada uno quiere sexualmente. Si usted no
le dice a él lo que realmente quiere, no espere que él la complazca, dice
Shirley Zussman, Ed.D., terapeuta sexual y de matrimonio y directora adjunta de la Asociación para la Disfunción Sexual Masculina, en la Ciudad
de Nueva York. Evite decir cosas negativas como: "eso no se siente
bien", o "tú sabes que eso no me gusta". En su lugar dígalo en forma
positiva: "yo disfruto el tener relaciones sexuales contigo, pero tengo algunas ideas para hacerlo aun mejor."

Primero, si está usando el método anticonceptivo para evitar las STD,
use un anticonceptivo de barrera como un condón femenino, esponja o diafragma o haga que su compañero use un condón. Tanto con el diafragma
como con el condón masculino se debe usar un espermicida que contenga
nonoxynol 9 porque éste es efectivo contra el virus que causa el SIDA.

Si está usando anticonceptivos para el control de la natalidad y usted
no puede correr absolutamente ningún riesgo use la píldora anticonceptiva,
un implante o inyecciones hormonales debido a que estos tienen los
índices más altos de éxito, sugiere el doctor Brodman.

Si opta por el condón masculino, debe usar espermicida, ya que los
condones son solamente un 80 por ciento efectivos en evitar el embarazo
cuando se usan solos. También se deben usar los espermicidas con los
diafragmas, ya que estos pueden moverse fuera de lugar durante el coito,
lo cual puede permitir que el semen entre en el útero, aumentando la
posibilidad de embarazo.

Demuéstrele lo que le gusta. Aunque hablar ayuda, a menudo enseñar a su compañero lo que a usted le complace es igualmente util. Si él, por ejemplo, le está agarrando los senos y frotándola demasiado fuerte tome sus manos suavemente y muéstrele como usted prefiere que la acaricie, sugiere Marty Klein, Ph.D., consejero matrimonial licenciado y terapeuta sexual en Palo Alto, California.

Amplíe sus horizontes. "El coito se enfatiza demasiado como una actividad sexual", dice el doctor Klein. "La mayoría de las parejas se beneficiarían al ver las relaciones sexuales como una serie de experiencias más amplias." Por lo tanto tome el tiempo suficiente para besar, abrazar, acariciar, tomar de las manos, hablar o hacer otras actividades sexuales placenteras tales como masturbarse mutuamente que la hacen sentir cerca de su compañero, sugiere él.

Haga tiempo para la diversión. "Yo se que suena cómico, pero algunas parejas dicen que simplemente no tienen tiempo para el sexo", dice Carol Lassen, Ph.D., sicóloga y profesora clínica de sicología en la Escuela de Medicina de la Universidad de Colorado, en Denver. "¿Por qué? Todas las otras cosas vienen primero. No pueden tener relaciones sexuales porque tienen que lavar la ropa o ver un partido de fútbol o simplemente dormir. Les queda muy poco tiempo para estar la una con el otro."

En lugar de dejar que las relaciones sexuales se pierdan en la monotonía diaria, programe tiempo para éstas, dice Michael Seiler, Ph.D., director auxiliar del Instituto Phoenix en Chicago. "Usted haría reservaciones en un restaurante elegante para las siete de la noche el sábado. ¿Por qué no decir que se reunirán en el dormitorio (la recámara) el martes a las nueve de la noche?", dice él. "¿Cómo sabe si se va a sentir con ganas? No lo sabe. Pero tampoco sabe si va a tener hambre el sábado por la noche."

Deje sus complejos afuera. "Deje el trabajo, la religión y sus expectativas de desempeño fuera del dormitorio", sugiere Lonnie Barbach, Ph.D., terapeuta sexual y sicóloga en San Francisco, California. "Simplemente entre al dormitorio con su cuerpo y sus sentimientos. Concéntrese en la conexión emocional que usted tiene con su compañero y el placer que le espera a su cuerpo."

Manténgalo divertido. "¿Sabe usted cómo le llaman los esquimales al sexo? Hora de reírse", dice la doctora Zussman. "El sexo puede ser divertido, frívolo y relajante. Nuestra sociedad está muy lejos de eso. Pensamos que debemos tener relaciones sexuales fantásticas cada vez que las tenemos." Olvídese del desempeño, dice la doctora Zussman. Concéntrese solamente en pasar un momento agradable con su compañero y el sexo será más un momento de reírse que de trabajar horas de más.

Enamórense igual que antes. "Las parejas dejan de hacer las cosas que las unieron en primer lugar", dice el doctor Seiler. "Ya no se escriben pequeñas notas ni se mandan flores. Ya no se masajean la espalda ni salen juntos. Usted realmente tiene que esforzarse por conservar la alegría y la diversión en la relación. Sin eso, no habrá ninguna alegría y diversión en el dormitorio."

Entonces prepare una cena a la luz de las velas y pídale a él que salga con usted a dar una vuelta por la noche tomados de la mano. Tal vez se sienta complacida en lo que puede terminar esto.

Hágase de un buen libro de recetas sexuales. Si su vida sexual, como una soda sin gas, ha perdido la mayor parte de las burbujas, trate de hojear manuales sexuales o ver videos eróticos juntos para obtener nuevas ideas, dice la doctora Domeena Renshaw, directora de la Clínica de Disfunción Sexual de la Escuela Stritch de Medicina de la Universidad de Chicago, en Maywood.

Mírelo profundamente. "El mantener contacto visual durante las relaciones sexuales engendra intimidad. A menudo, es más íntimo que besarse y tomarse de las manos", dice Harrison Voigt, Ph.D., sicólogo clínico y terapeuta sexual en San Francisco, California. "Es una manera de poner a las personas en contacto con una forma poderosa de unión que no es física."

Cree un ritual. Encender una vela, masajearse el uno al otro los pies o colaborar en el intercambio de algunas intimidades especiales puede convertirse en parte de un ritual único que puede llevar a algunas parejas a conectarse emocionalmente antes de las relaciones sexuales, dice el doctor Voigt. "En lo fundamental, un ritual es un acuerdo mutuo que el sexo debe ser algo único para la pareja. No necesita ser complicado, pero debería cambiar el contexto del sexo para hacerlo algo que es especial en lugar de simplemente tirarse en la cama y decir, 'okey, vamos a hacerlo.'"

Concéntrese en la calidad, no en la cantidad. Si ustedes tuvieron relaciones sexuales cuatro veces la semana pasada y usted tuvo un orgasmo todas las veces, pero esta semana tuvieron relaciones sexuales una vez y no llegó a un orgasmo, no se presione para "anotar" la misma cantidad o más que la semana pasada. "La frecuencia no es tan importante como disfrutar verdaderamente las relaciones sexuales que tienen", opina la doctora Zussman.

TERAPIA DE REPOSICIÓN DE HORMONAS

Una opción para la renovación

Usted ha tomado bastantes decisiones con respecto a su salud en su vida: qué tipo de control de la natalidad usar, cómo y cuándo hacer ejercicio, a qué doctor ir.

Ahora, con la menopausia por delante, usted se enfrenta a otra. Y esta vez, siente que realmente es muy significativa. Usted está contemplando si debe probar la terapia de reposición de hormonas (*HRT* por sus siglas en inglés).

Millones de mujeres nacidas inmediatamente después de la segunda Guerra Mundial se están preguntando lo mismo.

Todas nos hemos enterado acerca de las posibles dificultades de la menopausia: sofocos (bochornos, calentones), sudación nocturna sequedad vaginal, cambios en la piel más un mayor riesgo de cardiopatías y osteoporosis una vez que la menopausia ha pasado. También hemos oído acerca de la HRT como un medio para combatir estos efectos envejecedores.

De hecho, una de las primeras preguntas que las mujeres hacen a menudo acerca de la menopausia es si deben tomar la HRT o no, dice Joan Borton, consejera certificada en salud mental con consulta privada en Rockport, Massachusetts. "Todavía es una decisión muy difícil de tomar. Yo atiendo a muchas mujeres que son muy precavidas y tratan de obtener la mayor cantidad de información posible", dice ella.

La decisión es difícil de tomar debido a que hay tanto beneficios como riesgos al tomar la HRT. Muchas veces, las mujeres se encuentran sopesando los pros y las contras. Por una parte, la HRT puede aliviar los sofocos y la sequedad vaginal más proteger contra la enfermedad del corazón y la osteoporosis. Otro de sus beneficios es que mantiene jóvenes a la piel y el cabello.

Por otra parte, las mujeres se preocupan que la HRT pueda aumentar su riesgo de cáncer de mama, flebitis, cáncer uterino y cálculos biliares. Además, esta terapia puede causar que las mujeres vuelvan a tener sus períodos, lo cual muchas ven como un inconveniente. La mayoría de los expertos indican que la decisión sobre tomar la HRT es personal y en gran parte depende de la historial de salud de cada mujer más su propia experiencia con la menopausia.

Las hormonas de la HRT

La HRT es una formulación de hormonas creada para reponer los niveles naturales de hormonas de una mujer. En los años que anteceden a la menopausia, los niveles de estrógeno de una mujer disminuyen a un ritmo constante. Entonces, después de que ella deje de ovular y tenga su último período (cuando la menopausia realmente comienza), sus niveles de estrógeno disminuyen aun más.

El estrógeno desempeña un papel vital en mantener los tejidos y órganos por todo el cuerpo de una mujer, incluyendo la piel, el tejido vaginal, los senos y los huesos. Pues cuando los niveles de estrógeno se reducen durante la menopausia, puede haber sequedad vaginal, arrugas en la piel y deterioro en la masa y fuerza ósea. El estrógeno también afecta a varias funciones del cuerpo, entre ellas el metabolismo y la regulación de la temperatura del cuerpo. Por lo tanto, cuando los niveles de estrógeno disminuyen, es posible que el colesterol de la mujer se eleve, poniéndola en un riesgo mayor de enfermedad del corazón. Su termómetro interno del cuerpo también puede estropearse, lo cual puede causar los sofocos y los sudores nocturnos.

Años atrás, las formulaciones de hormonas creadas para las mujeres menopáusicas contenían sólo estrógeno y se llamaban terapia de reposición de estrógeno (*ERT* por sus siglas en inglés). Pero esas formulaciones contenían niveles de estrógeno que resultaron ser demasiado altos; se encontró que las píldoras contribuían a la formación de coágulos de sangre. Y dar estrógeno solo a las pacientes resultó ser peligroso: los estudios mostraron que fomentaba el cáncer uterino.

Por consiguiente, los investigadores rediseñaron las fórmulas, bajando el contenido de estrógeno y agregando una forma sintética de la hormona progesterona llamada progestina. Además de regular el estrógeno, la progesterona provoca el desprendimiento gradual del recubrimiento uterino. La combinación de estrógeno y progestina es lo que se conoce como la HRT. Las dosis bajas de estrógeno son lo suficientemente altas para reemplazar lo que está faltando y para proporcionar protección para el corazón. Al mismo tiempo, son lo suficientemente bajas para no fomentar los coágulos. Además, la progestina ofrece protección contra el cáncer uterino porque provoca que el recubrimiento uterino se desprenda gradualmente, de esa manera impidiendo la acumulación peligrosa que puede terminar en cáncer si no se revisa. Por lo tanto, hoy en día, si una mujer menopáusica decide que quiere tomar hormonas y todavía tiene su útero, la recomendación de la mayoría de los médicos es una dosis baja de estrógeno más progestina.

Pero según los expertos, algunas mujeres tienen dificultad para tolerar la progestina. Ésta puede causar síntomas insoportables similares al síndrome premenstrual (*PMS* por sus siglas en inglés). Estas mujeres pueden recibir dosis bajas sólo de estrógeno, pero si lo hacen, tienen que hacerse biopsias del útero regularmente para verificar que no hay cáncer. Si una mujer ya no tiene su útero, está en condición de recibir una dosis baja de estrógeno solo, aunque en estos casos algunos médicos recomiendan estrógeno y progestina.

La HRT que contiene tanto estrógeno como progestina puede tomarse en varias distintas formas. El componente progestina de la terapia se consigue sólo en forma de pastilla, la cual las mujeres pueden tomar ya sea en dosis más altas por 10 a 12 días al final de sus ciclos menstruales o en dosis más bajas todos los días del mes.

El estrógeno, sin embargo, se consigue en varias formas, entre ellas cremas, parches y píldoras, y se toma todos los días del mes o por las tres primeras semanas del ciclo menstrual.

Las cremas de estrógeno se insertan en la vagina con aplicadores y tienen su mayor impacto en el tejido vaginal; esta forma de estrógeno es más efectiva para la sequedad vaginal y los problemas de las vías urinarias. Los parches de estrógeno son del tamaño de un pequeño vendaje y se colocan sobre el abdomen; el estrógeno se emite del parche en secuencias de duración determinada y pasa directamente al corriente sanguíneo. Esta forma es apropiada para las mujeres con condiciones médicas que les prohíben tomar estrógeno en forma oral, tales como la enfermedad de la vesícula biliar o presión arterial alta.

Debido a que tanto el estrógeno en forma de crema como en forma de parche va directamente al torrente sanguíneo, no pasa a través del tracto digestivo y del hígado, donde normalmente tendría su mayor efecto en reducir el colesterol. Por lo tanto, se piensa que las formas de estrógeno en crema y parche son menos efectivas para proteger contra la enfermedad del corazón.

El estrógeno en forma de píldora se toma por la boca y se considera el mejor método para combatir la enfermedad del corazón. La píldora más común de estrógeno, llamada *Premarin*, está hecha de fuentes naturales (el estrógeno de yeguas) mientras que las otras píldoras están hechas de fuentes sintéticas.

Los beneficios de la HRT

Uno de los problemas más comunes asociados con la menopausia son los sofocos (bochornos, calentones), que son sensaciones de calor que duran entre 1 y 12 minutos y a veces más. Según los expertos, la HRT es altamente efectiva contra los sofocos.

Es posible que la menopausia también provoque la sequedad vaginal, porque el tejido de la vagina tiene receptores de estrógeno. Cuando el estrógeno disminuye con la menopausia, el recubrimiento de la vagina y del útero se adelgaza, y resulta en la sequedad vaginal.

La piel de la mujer también puede tener receptores de estrógeno, por ello cuando llega la menopausia, la piel puede empezar a arrugarse. La HRT es efectiva para mantener la piel suave, con aspecto juvenil, dicen los expertos.

Otra preocupación para la mujer menopáusica es la osteoporosis, una enfermedad en la cual la densidad y fuerza de los huesos disminuye. Las consecuencias de esto pueden ser devastadoras: después de la menopausia, entre el 25 y el 44 por ciento de las mujeres experimentan fracturas de la cadera debido a la osteoporosis.

La investigación sugiere que al usar la HRT, el riesgo de que una mujer sufra fracturas relacionadas con la osteoporosis se reducirá en un 50 por ciento. Y para las mujeres que ya tienen osteoporosis, se cree que la HRT aun es efectiva y puede aumentar en un 5 por ciento la densidad mineral del hueso, una medida de la fuerza del hueso.

¿Por cuánto tiempo necesita una mujer tomar la HRT para proteger sus huesos? Los médicos aún no están de acuerdo en este aspecto. Consulte con su medico para ver lo que él recomienda en el caso suyo.

Riesgos de la HRT

Desafortunadamente, esta terapia no es perfecta. Hay otros riesgos y temas relacionadas a la salud para las mujeres que toman hormonas. Primero, hay el riesgo del cáncer uterino, el cual afecta a 1 en cada 1,000 mujeres por año, dice el doctor Brian Walsh, director de la Clínica de Menopausia del Hospital Brigham y de Mujeres, en Boston. Tomar la HRT también pone a la mujer en riesgo de cálculos biliares, particularmente durante el primer año, dice el doctor Walsh. Además, para algunas mujeres no es apropiada la HRT ni la ERT. Ninguna de éstas se recomienda a las mujeres que saben o sospechan que tienen cáncer del útero o de mama, que han tenido problemas con coágulos de sangre llamados émbolos pulmonares o que tienen una enfermedad activa del hígado, dice el doctor Walsh.

Otra preocupación importante con respecto a la HRT es si ésta aumenta el riesgo de sufrir cáncer de mama. Los senos contienen receptores de estrógeno, y el administrar estrógeno a los animales promueve el cáncer. Por lo tanto, hay alguna razón para sospechar que el tomar la HRT o la ERT podría fomentar el cáncer de mama en las mujeres.

La relación entre la HRT y el cáncer de mama es discutible; varios estudios sobre el tema han resultado en distintas conclusiones y a veces contradictorias. No obstante, un estudio sobre ERT descubrió que hay más riesgo para cáncer de mama si se usa por más tiempo. No parece que hay una asociación entre el uso de la ERT y el cáncer de mama en las mujeres que la han tomado por menos de 5 años, pero las mujeres que la han usado por más de 15 años pueden tener un riesgo mayor del 30 por ciento. Las mujeres que usaron la ERT en el pasado pero no la están tomando actualmente no parecen tener riesgo mayor de cáncer de mama.

Lo que usted puede hacer

Con todos los pros y los contras, ¿cómo decide una mujer? No es fácil. A continuación ofrecemos los consejos de los expertos.

Encuentre un médico bueno que le convenga. Los médicos pueden variar en sus enfoques con respecto a la HRT, así que es importante encontrar uno con el cual usted se sienta cómoda y que respete sus sentimientos y opiniones, dice Borton. No tenga miedo de salir en busca de un médico, y pregúntele a sus amigas acerca de los de ellas.

Conozca su historia familiar. Al decidir acerca de la HRT, es importante conocer su historia familiar, dice el doctor Walsh. Descubra si alguien en su familia tiene una historia de enfermedad del corazón, osteoporosis, cáncer de mama o cáncer endometrial. Dígaselo a su médico.

Sopese sus riesgos. Tomar una decisión con respecto a la HRT a menudo es una cuestión de balancear su riesgo a una enfermedad contra su riesgo a otra. Una solución es tratar "de decidir como mujer cuáles son sus riesgos y tomar una decisión inteligente acerca de cuáles son las enfermedades a las que usted está predispuesta y por lo tanto debería prevenir", dice el doctor David Felson, del Centro de Artritis de la Universidad de Boston.

Lleve un registro menstrual. Cuando las mujeres empiezan con la HRT, a menudo vuelven a tener sus períodos, particularmente si están tomando progestina con estrógeno. Las preparaciones de hormonas pueden afectar su flujo. Por tanto, anote sus patrones de sangramiento, dice el doctor Walsh. Tome un calendario, marque los días en que usted sangra y muéstreselo a su doctora, para que ella pueda determinar si el tiempo y la cantidad de flujo son apropiados, dice él.

Anticipe un tiempo de adaptación. Puede tomar de cuatro a seis semanas para que las hormonas empiecen a funcionar y para que usted sienta un efecto, dice el doctor Walsh. Y una vez que usted las esté tomando, puede llevar varios meses para adaptar su terapia de tal manera que sus períodos se hagan regulares.

Hágase autoexámenes de senos. Todas las preguntas acerca de la conexión entre la HRT y el cáncer de mama no se han contestado definitivamente. Así que protéjase y hágase los autoexámenes mensuales de los senos; estos le permitirán detectar el cáncer de mama temprano si lo desarrolla. Una de las cosas más importantes que una mujer puede hacer es llevar a cabo autoexámenes mensuales de los senos, dice el doctor Walsh. "La mayoría de los cánceres de mama son descubiertos por la mujer misma, por eso es que tiene sentido que ella se examine los senos una vez al mes", dice él. O sea, es 11 veces más probable que una mujer encuentre un bulto en su seno de que lo haga su médico.

Hágase un mamograma. Un mamograma es otra forma de descubrir el cáncer de mama. La mayoría de los doctores recomiendan que la mujeres tenga su primer mamograma entre los 35 y los 40 años de edad. Es importante hacerse mamogramas regularmente para la mujer que toma la HRT, dice el doctor Walsh. "La gente discute sobre cuántas veces al año debe hacerse y a qué edad se debe empezar, pero para cuando la mujer cumple los 50 años de edad, debería estar haciéndose un mamograma por lo menos una vez al año", dice él. El mamograma "permite descubrir el cáncer de mama cuando es pequeño y potencialmente curable", dice el doctor Walsh.

Examínese para el cáncer. Otro tipo de prueba de seguimiento que las mujeres pueden tener se llama biopsia endometrial. Ésta revisa el recubrimiento del útero o endometrio para ver si hay cáncer. Algunos doctores realizan una biopsia de base al empezar con la HRT y luego hacen una biopsia como un examen anual, aunque no todos los doctores hacen esto con las mujeres que están recibiendo tanto estrógeno como progestina. La prueba es más importante cuando la mujer está tomando sólo estrógeno, porque el efecto protector de la progestina está ausente. Pregúntele a su doctora cuál es su enfoque.

Busque quien la apoye. Otras mujeres que atraviesan por la menopausia pueden ser una tremenda fuente de apoyo, dice Borton. Hable con otras mujeres de su edad —sean mujeres que usted ya conoce o aquellas que conozca en un grupo de apoyo— acerca de cómo piensan, sus decisiones y experiencias alrededor de la HRT, dice ella. El escuchar las experiencias de otras mujeres puede ayudar frecuentemente. Llame a su hospital local para que le informen sobre los grupos de apoyo en su área. O bien, empiece usted un grupo de apoyo por su cuenta.

Vitaminas y minerales

Vías de vigor y vitalidad

Sin fallar, usted come tres comidas completas al día. Empieza con el desayuno: tal vez usted se comerá unos huevos con chorizo y tortillas o quizás cereal o un sándwich con café con leche. Después disfruta de un almuerzo completo, y luego merenda por la tarde. Entonces usted cena: puede ser un bistec fino, arroz con gandules, unos taquitos, carne de puerco, o algo no típico, como una pizza o hamburguesas con papitas fritas. Lo cierto es que su alimentación diaria lleva todos los nutrientes necesarios, ¿no? No. Aunque usted coma esas tres comidas completas y también meriendas (bocadillos, refrigerios, tentempiés), a su cuerpo le hacen falta complementos nutritivos, materiales esenciales para mantenerla joven, saludable y vital.

Esos materiales esenciales son las vitaminas y los minerales, las herramientas que su cuerpo debe tener para cumplir con todo lo que su trabajo y otras actividades le exigen. Estas maravillas microscópicas rejuvenecen y dan energía a sus células y hacen posible cada uno de los procesos del cuerpo. Y a medida que envejecemos, las necesitamos más. Según Jeffrey Blumberg, Ph.D., director adjunto del Centro de Investigación de la Nutrición Humana sobre el Envejecimiento de la Universidad de Tufts en Boston, cuando envejecemos "en general tendemos a comer menos alimentos diariamente. Así que si a su dieta ya le está faltando algo de ciertos nutrientes, al envejecer, existe la posibilidad de que esa deficiencia aumente, y de alguna manera su cuerpo lo pagará."

Los niveles bajos de vitaminas y minerales pueden conducir a una mayor susceptibilidad a la infección, a la curación más lenta, a la capacidad mental disminuida y a la fatiga crónica, dicen los especialistas en nutrición. La conclusión es obvia: para verse, sentirse y desempeñarse en su nivel óptimo, usted no puede quedarse corta con respecto a su consumo de vitaminas y minerales.

Las vitaminas son vitales

Los especialistas en nutrición dividen las 13 vitaminas esenciales en dos grupos basándose en su acción dentro del cuerpo. Las vitaminas solubles

(continúa en la página 162)

LAS 13 VITAMINAS ESENCIALES

Abajo aparece una tabla de requerimientos de vitaminas para los adultos. La unidad "mcg" significa microgramos o *micrograms* en inglés. Si está embarazada o amamantando, consulte a su médico sobre las dosis adecuadas.

Vitamina	Valor diario
Vitamina A	5,000 IU*
Vitaminas B	
Tiamina	1.5 mg
Riboflavina	1.7 mg
Niacina	20 mg
Vitamina B_6	2.0 mg
Ácido fólico	0.4 mg
Vitamina B_{12}	6 mcg
Biotina	300 mcg†

Beneficio rejuvenecedor	Fuentes alimenticias
Necesaria para la visión normal en luz tenue; mantiene la estructura normal y las funciones de las membranas mucosas; ayuda al crecimiento de los huesos, los dientes y la piel	Frutas y verduras amarillas-anaranjadas; verduras frondosas de color verde oscuro; leche fortificada; huevos
Metabolismo de carbohidratos; mantiene saludable al sistema nervioso	Carne de puerco; productos integrales y enriquecidos; frijoles (habichuelas); nueces
Metabolismo de grasa, proteínas y carbohidratos; piel saludable	Productos lácteos; productos integrales y enriquecidos
Metabolismo de grasa, proteínas y carbohidratos; función del sistema nervioso; necesario para el uso de oxígeno por las células	Carnes; aves; leche; huevos; productos integrales y enriquecidos
Metabolismo de proteínas; necesario para el crecimiento normal	Carnes; aves; pescado; frijoles; granos; verduras frondosas de color verde oscuro
Desarrollo de los glóbulos rojos; crecimiento y reparación de los tejidos	Verduras frondosas de color verde oscuro; naranjas; frijoles
Necesaria para el crecimiento de los tejidos nuevos, los glóbulos rojos, el sistema nervioso y la piel	Carne; aves; pescado; productos lácteos
Metabolismo de grasa, proteínas y carbohidratos	Se encuentra en cantidades pequeñas en muchos alimentos

(continúa)

LAS 13 VITAMINAS ESENCIALES—

CONTINUACIÓN

Vitamina	Valor diario
Ácido pantoténico	10 mg†
Vitamina C	60 mg
Vitamina D	400 IU
Vitamina E	30 IU
Vitamina K	80 mcg

NOTA: *Los valores diarios de consumo son los Valores Diarios a menos que se indique de otra manera.*
*Unidades internacionales
†Valor es el consumo diario seguro aproximado.

en agua, que son vitamina C y las ocho vitaminas B (tiamina, riboflabina, niacina, B_6, ácido pantoténico, B_{12}, biotina y ácido fólico), son compuestos de vida corta y acción rápida que se almacenan en las partes acuosas de las células del cuerpo. No obstante, no se quedan allí por mucho tiempo. El cuerpo pone a estas vitaminas a trabajar rápidamente ayudando a las células en las reacciones químicas y en el procesamiento de energía, y por lo general excretan cualquier exceso.

Las vitaminas solubles en grasa —A, D, E y K— se encuentran en las partes grasosas de las células y regulan una amplia variedad de procesos metabólicos.

Los minerales son esenciales

Venimos originalmente de la tierra, y de la tierra extraemos una variedad de nutrientes para mantenernos en buenas condiciones.

Beneficio rejuvenecedor	Fuentes alimenticias
Metabolismo de grasa, proteínas y carbohidratos	Productos de integrales y enriquecidos; verduras; carnes
Forma el colágeno; conserva las encías, los dientes y los vasos sanguíneos saludables	Frutas cítricas; pimientos; repollo; fresas; tomates (jitomates)
Absorción de calcio; crecimiento de los huesos y dientes	Luz del sol; leche fortificada; huevos; pescado
Protege a las células del daño	Aceites vegetales; verduras frondosas verdes; germen de trigo; productos de grano integral
Coagulación de la sangre	Repollo; verduras frondosas de color verde oscuro

Al igual que las vitaminas, los minerales ayudan a mantener al cuerpo funcionando. Pero a diferencia de las vitaminas, estos son inorgánicos y el cuerpo no los metaboliza. En lugar de eso, actúan más como cubos de construcción, proveyendo estructura a los huesos y dientes, sirviendo como componentes importantes de la sangre, la piel y los tejidos y manteniendo equilibrados a los fluidos de nuestro cuerpo.

Nuestras necesidades nutritivas

El gobierno de los Estados Unidos ha establecido pautas nutritivas para indicarnos cuánto de cada vitamina y mineral necesitamos. Todo se basa en cantidades llamadas el Valor Diario (*DV* por sus siglas en inglés). Hay un DV para todas las vitaminas y minerales esenciales, y ellos representan las cantidades adecuadas que todo el mundo necesita para evitar enfermedades de deficiencia nutritiva, desde niños de cuatro años hasta los de edad avanzada.

Por lo general, usted se puede guiar por estas cantidades. Sólo cambian bajo ciertas circunstancias, como en el caso de la mujer embarazada, la cual requiere dos veces más hierro que lo normal y más de dos veces la cantidad de ácido fólico y vitamina D. Además, la mujer embarazada necesita más calcio, magnesio y cinc. Aunque algunos estudios indican que hay una relación entre un consumo más alto de lo recomendado de ciertas vitaminas y minerales y más longevidad, aún no se ha comprobado. Además, las vitaminas y minerales pueden ser tóxicos si se toman dosis sumamente altas. Es posible que interfieran con el funcionamiento de los órganos vitales como el corazón y el hígado. Por lo tanto, los expertos recomiendan que se tome sólo las cantidades recomendadas. Consulte la información contenida en los recuadros en las páginas 160 y 166 para ver éstas.

Consígalos comiendo

La mayoría de los estudios sobre las capacidades de las vitaminas y minerales se realizan con alimentos, no con suplementos. Por eso, los expertos recomiendan obtener la mayoría de éstas de los alimentos. Según Diane Grabowski, una dietista de Santa Mónica, California, "una alimentación bien balanceada que consta de una variedad de alimentos ricos en nutrientes fácilmente proporcionará todas las vitaminas y minerales que usted necesita, probablemente hasta más".

Véase a continuación algunos consejos para obtener el contenido máximo de las vitaminas y los minerales de los alimentos que usted come, con la mínima cantidad de calorías.

Enfóquese en las frutas y las verduras. "Usted debería comer un mínimo de cinco porciones abundantes de frutas y verduras todos los días", dice Grabowski. Pruebe el cantaloup, las naranjas, los melocotones (duraznos), los tomates (jitomates), las espinacas, las batatas dulces (camotes) y las zanahorias.

Cómaselas crudas o apenas cocidas. Al cocer los alimentos se les extraen o se destruyen muchas de las vitaminas y minerales, así que siempre que pueda, trate de comer las frutas, las verduras y los granos en su estado natural crudo , sin procesar o cocidos al mínimo.

Absténgase de hervirlas. Hervir tiende a extraer más vitaminas y minerales de los alimentos que otros métodos de cocinar, dice Grabowski. "Mientras menos tiempo se pasen en el horno, en la estufa o rodeados de agua caliente mejor." Ella recomienda cocinar al vapor o con el horno de microondas.

Cuídese de los medicamentos. Es posible que ciertos fármacos y medicamentos sin receta interfieran con los depósitos de vitaminas y minerales en el cuerpo. La aspirina, los laxantes, los diuréticos, los antibióticos, los antidepresivos y los antiácidos pueden acelerar la excreción de algunas vitaminas y minerales o impedir su absorción. Si usted está tomando cualquier de estos medicamentos, consulte con su médico antes de dejarlos o probar alternativas.

La verdad acerca de los suplementos

Si usted cree que se está quedando corta en cuanto a los DV, busque a un profesional médico o un especialista en nutrición que pueda evaluar su alimentación y decirle cuáles son los nutrientes que más necesite. No espere que los suplementos compensen completamente sus malos hábitos de comer; no será así. Si usted prueba los suplementos, el tomar niveles que excedan los DV debería hacerse sólo bajo la consulta de un médico.

Aquí hay algunas guías para seleccionar y usar los suplementos.

Mejórese con las "multi". Un suplemento seguro y benéfico sería el tipo de multivitaminas con minerales que se toman diariamente, aconseja Grabowski. Un suplemento así debería contener una mezcla de todos o la mayoría de las vitaminas y los minerales esenciales y contener el 100 por ciento de las RDA en cada uno.

Cuidado con los suplementos individuales. En la mayoría de los casos, usted probablemente no necesita dosis adicionales de vitaminas y minerales específicos si ya está tomando una multivitamina y está comiendo correctamente. Las excepciones podrían ser si se encuentra bajo tratamiento médico por una deficiencia o si está buscando protección antioxidante al tomar vitaminas C, E y betacaroteno adicionales. De otra manera, evite los suplementos individuales, especialmente la vitamina A, la vitamina D y el hierro, dice Paul R. Thomas, R.D., Ed.D, científico que trabaja en la Junta de Alimento y Nutrición de la Academia Nacional de Ciencias en Washington, D.C. Estos nutrientes son tóxicos en dosis altas y pueden resultar en efectos secundarios tales como el vómito, la pérdida de cabello, las anormalidades en los huesos, la anemia, el daño cardiovascular, y las insuficiencias del hígado y los riñones.

Consuma bastante calcio. El calcio es vital para la fuerza de los huesos y para evitar la osteoporosis, la enfermedad del desgaste de los huesos que se les acerca sigilosamente a muchas mujeres después de la menopausia. Sin embargo, muchos estudios muestran que la mayoría de

(continúa en la página 168)

LOS 15 MINERALES ESENCIALES

Consulte a continuación la tabla útil acerca de requerimientos de minerales para los adultos. La unidad "mcg" es microgramos o *micrograms* en inglés. Si está embarazada o amamantando, consulte a su médico sobre las dosis adecuadas.

Mineral	Valor diario
Calcio	1,000 mg
Cinc	15 mg
Cloruro	3,400 mg†
Cobre	2 mg†
Cromo	120 mcg†
Fluoruro	1.5 a 4.0 mg†
Fósforo	1,000 mg
Hierro	18 mg
Magnesio	400 mg

Beneficio rejuvenecedor

Huesos y dientes fuertes; función de los músculos y nervios; coagulación de la sangre

Curación de las heridas; crecimiento; apetito

Ayuda a la digestión; funciona con sodio para mantener el equilibrio de los fluidos

Formación de las células sanguíneas y el tejido conectivo

Metabolismo de carbohidratos

Refuerza el esmalte de los dientes

Metabolismo de energía; se junta con el calcio para huesos y dientes más fuertes

Lleva el oxígeno en la sangre; metabolismo de energía

Ayuda en el funcionamiento de los nervios y músculos; huesos fuertes

Fuentes alimenticias

Productos lácteos; verduras frondosas de color verde oscuro; sardinas con espinas; tofu

Mariscos; carnes; nueces; legumbres

Alimentos con sal

Cereales; legumbres; mariscos

Verduras; granos integrales; levadura de cerveza

Agua fluorizada; pescado; té

Carne; aves; pescado; leche; frijoles (habichuelas)

Carne roja; pescado; aves; verduras frondosas de color verde oscuro; legumbres

Frijoles (habichuelas); nueces; cocoa; cereales; verduras verdes

(continúa)

LOS 15 MINERALES ESENCIALES— CONTINUACIÓN

Vitamina	Consumo diario
Manganeso	2.0 mg†
Molibdeno	75 mcg†
Potasio	3,500 mg
Selenio	70 mcg
Sodio	2,400 mg
Yodo	150 mcg

NOTA: *Los valores diarios de consumo son los Valores Diarios a menos que se indique de otra manera.*
†Valor es el consumo diario seguro aproximado.

las mujeres no consumen lo suficiente, se recomienda 1,000 miligramos al día. Por eso se les recomienda el suplemento de calcio a las mujeres como una protección adicional contra la pérdida de los huesos.

Los suplementos de calcio de más fácil absorción son aquellos que están hechos de citrato de calcio, dice la doctora Margo Denke, de la Universidad de Tejas Sudoeste en Dallas. Éstos se absorben más fácilmente por el cuerpo que los suplementos hechos con carbonato de calcio, dice ella. El citrato de calcio se puede encontrar en algunos suplementos sin receta o en los jugos de naranja fortificados con calcio. Sólo revise las etiquetas.

Pruebe los genéricos. Las marcas genéricas y las de las tiendas típicamente son comparables en calidad a las marcas reconocidas, dice el

Beneficio rejuvenecedor	Fuentes alimenticias
Formación de los huesos y el tejido conectivo; metabolismo de grasa y carbohidratos	Espinaca; nueces; calabaza; té; legumbres
Metabolismo de nitrógeno	Cereales y verduras sin procesar
Controla el equilibrio de los ácidos en el cuerpo; funciona con el sodio para mantener el equilibrio de los fluidos	Verduras; frutas; carnes; leche
Ayuda a la vitamina E a proteger las células y el tejido del cuerpo	Cereales; carne; pescado; aves
Equilibrio de los fluidos; función del sistema nervioso	Sal; alimentos procesados; salsa de soya; condimentos
Mantiene el funcionamiento adecuado de la tiroides	Leche; cereales; sal yodada

doctor Thomas. De hecho, los genéricos a veces están hechos por los mismos fabricantes de las marcas más conocidas pero cuestan bastante menos. Su farmacéutico debería poder decirle si un genérico vale la pena.

Olvídese de los "super suplementos". Usted puede ver "*high potency*" (alta potencia) o "*extra strength*" (fuerza extra) en las etiquetas. Estos productos por lo regular contienen niveles de vitaminas y minerales que exceden por mucho las RDA y pueden ser peligrosos, dice el doctor Thomas. O usted puede terminar simplemente por excretar el exceso en cuyo caso está desperdiciando su dinero.

Dígale no a las artimañas. Las frases tales como "*antistress formula*" (fórmula antiestrés) son falaces, dice el doctor Thomas, y a pesar de que "*time-released*" (liberadas con el tiempo) y "*effervescent*" (efervescente) son descripciones legítimas, en algunos suplementos estas cualidades posiblemente no sean tan importantes. Por ejemplo, efervescencia en el calcio puede ser útil pero no se necesita en la vitamina C. Verifique con su médico o profesional en nutrición.

Guárdelos en un lugar fresco y seco. La luz, el calor y la humedad pueden quitarle potencia a los suplementos. Debido a esto, probablemente el mejor lugar para guardar sus suplementos es un gabinete en la cocina, lejos del calor de la estufa, en lugar de sobre el alféizar de la ventana o el botiquín de medicinas en el baño. Otro buen lugar para guardarlos es el refrigerador. Trate de usar un envase no transparente. Y siempre cierre la tapa apretadamente.

Tómelas con la comida. Como regla general, el cuerpo absorberá los suplementos más eficientemente si se toman durante una comida en vez de con el estómago vacío, dice el doctor Thomas. También se descompondrán mejor si se toman con agua o alguna otra bebida.

GLOSARIO

Algunos de los productos recomendados en este libro no son muy comunes o se conocen bajo distintos nombres en distintas partes de América Latina. Por lo tanto, hemos preparado este glosario para que les sea más fácil encontrarlos en las tiendas de productos naturales y el supermercado. Para las hierbas, ofrecemos varios sinónimos en español y sus nombres en inglés y latín. Les aconsejamos que traiga el libro consigo a la tienda, ya que hay mucha variación en cuanto a los nombres de las hierbas. Además, muchas hierbas, aunque tengan un nombre en español, se venden sólo bajo su nombre en inglés o latín. Con el libro, hay una mayor posibilidad que el vendedor pueda entender qué hierba le interesa y entonces ver si la tiene. Para los alimentos, ofrecemos breves descripciones más sus sinónimos en español y sus nombres en inglés. Por lo general, estos son más fáciles de conseguir en los supermercados o en las tiendas de productos naturales.

Agripalma	Sinónimo: no hay. En inglés: *motherwort*. En latín: *Leonurus cardiaca*.
Albaricoque	Fruta originaria de la China cuyo color está entre un amarillo pálido y un naranja oscuro. Se parece al melocotón, pero es más pequeño. Sinónimos: chabacano, damasco. En inglés: *apricot*.
Alheña	Sinónimo: henna. En inglés: *henna*. En latín: *Lawsonia inermis*.
Amapola de California	Sinónimo: no hay. En inglés: *california poppy*. En latín: *Eschscholzia californica*.
Artemisa	Sinónimos: ajenja, altamisa. En inglés: *mugwort*. En latín: *Artemesia vulgaris*.
Ashwaganda	Sinónimo: no hay. En latín: *Withania somnifera*.
Avena sativa	Sinónimo: no hay. En inglés: *oatstraw*. En latín: *Avena sativa*.
Barba de maíz	Sinónimos: pelusa de maíz. En inglés: *corn silk*. En latín: *Zea mays*.
Batatas dulces	Tubérculos cuyas cáscaras y pulpas tienen el mismo color amarillo-naranja. No se deben confundir con las batatas de Puerto Rico (llamadas "boniatos" en Cuba), que son

tubérculos redondeados con una cáscara rosada y una pulpa blanca. Sinónimos de batata dulce: boniato, camote, moniato. En inglés: *sweet potatoes.*

Baya de esquizandra

Sinónimos: no hay. En inglés: *schisandra berry.* En latín: *Schisandra chinensis.*

Baya de saúco

Sinónimo: no hay. En inglés: *elderberry.* En latín: *Sambucus canadensis* o *S. nigra.*

Calabacín

Un tipo de calabaza con forma de cilindro un poco curvo y que es un poco más chico en la parte de abajo que en la parte de arriba. Su color varía entre un verde claro y un verde oscuro, y a veces tiene marcas amarillas. Su pulpa es color hueso y su sabor es ligero y delicado. Sinónimos: calabacita, hoco, zambo, zapallo italiano, zucchini. En inglés: *zucchini.*

Calabaza

Cualquiera de los frutos de las viñas del género *Curcubita.* El color de su piel es muy variado, desde amarillo a verde; típicamente es color naranja. Su textura y sabor varían mucho según su especie. Sinónimos: abinca, ahuyama, alcayota, bulé, calabaza de Castilla, chibché, vitoria, zapallo. En inglés: *pumpkin.*

Cantaloup

Un tipo de melón cuya cáscara de color beige-gris y cuya pulpa jugosa y dulce es de color naranja pálido. Sinónimo: melón chino. En inglés: *cantaloupe.*

Castaño de la India

Sinónimo: no hay. En inglés: *horse chestnut.* En latín: *Aesculus hippocastanum.*

Chasteberry

Sinónimo: no hay. En latín: *Vitex agnuscastus.*

Chícharos

Semillas verdes de una planta leguminosa eurasiática. Sinónimos: alverjas, arvejas, guisantes, *petit pois.* En inglés: *peas.*

Corazoncillo

Sinónimo: hipérico. En inglés: *St. John's wort.* En latín: *Hypericum perforatum.*

Equinacia

Sinónimos: equinácea, equiseto. En inglés: *echinacea.* En latín: *Echinanacea angustifolia* o *E. purpurea.*

Escaramujos

Sinónimo: no hay. En inglés: *rosehips.* En latín: *rosa canina.*

Escutolaria	Sinónimo: scullcap. En inglés: *skullcap*. En latín: *Scutellaria lateriflora*.
Fresa	Una baya (mora) roja y jugosa con forma de cono. Sinónimo: frutilla. En inglés: *strawberry*.
Frijoles	Una de las variedades de plantas con frutos en vaina del género *Phaselous*. Vienen en muchos colores: rojos, negros, blancos, etcétera. Sinónimos: alubia, arvejas, fasoles, fríjoles, habas, habichuelas, judías, porotos, trijoles. En inglés: *beans*.
Frijoles de caritas	Frijoles pequeños de color beige con una "carita" negra. Sinónimos: guandúes, judías de caritas. En inglés: *black-eyed peas*.
Gayuba	Sinónimos: uvaduz, aquavilla. En inglés: *bearberry* or *uva ursi*. En latín: *Aretostaphylos uva-ursi*.
Ginseng	Sinónimo: ginsén, *ginseng* americano. En inglés: *ginseng* o *American ginseng*. En latín: *Panax quinquefolium*.
Ginseng coreano	Sinónimo: no hay. En inglés: *Korean ginseng*. En latín: *Panax ginseng*.
Ginseng siberiano	Sinónimo: no hay. En inglés: *Siberian ginseng*. En latín: *Eleutherococcus senticosus*.
Habas blancas	Frijoles planos de color verde pálido originalmente cultivados en la ciudad de Lima en el Perú. Sinónimos: alubias, ejotes verdes chinos, frijoles de Lima, judías blancas, porotos blancos. En inglés: *lima beans*.
Hierba del pollito	Sinónimo: no hay. En inglés: *chickweed*. En latín: *stellaria media*.
Lavanda	Sinónimos: alhucema, espliego. En inglés: *lavender*. En latín: *Lavanda officinalis*.
Magdalena	Una torta (vea la definición de esta en la página 175) pequeña que se hornea en un molde especial. Es parecida a los *muffins* o panqueques. En inglés: *cupcake*.
Manzanilla	Sinónimos: manzanilla alemana. En inglés: *chamomile* o *German chamomile*. En latín: *Matricaria recutita*. Hay dos variedades de esta planta, la alemana y la romana (*Anthemis nobilis*). En este

libro, todas las recomendaciones para la manzanilla son sólo para la variedad alemana, así que asegúrese de comprar esa cuando vaya a la tienda y no la variedad romana.

Melocotón   Fruta originaria de la China que tiene un color amarillo rojizo y cuya piel es velluda. Sinónimo: durazno. En inglés: *peach*.

Merienda   En este libro, es una comida entre las comidas principales del día, sin importar ni lo que se come ni a la hora en que se come. Sinónimos: bocadillo, bocadito, botana, refrigerio, tentempié. En inglés: *snack*.

Ortiga   Sinónimo: no hay. En inglés: *nettle*. En latín: *Urtica dioica*.

Pasionaria   Sinónimo: flor de la parcha, hierba de la paloma, pasiflora, pasiflorina. En inglés: *Passion flower*. En latín: *Passiflora incarnata*.

Pimiento   Fruto de las plantas *Capsicum*. En este libro usamos chiles para referirnos a las variedades picantes y pimientos o ajíes para las variedades menos picantes. Por lo general, cuando decimos 'pimiento' o 'ají', nos referimos a los pimientos verdes o rojos con forma de campana que no son nada picante. Sinónimas: pimientos morrones. En inglés: *bell peppers*.

Plátano   El plátano amarillo es una fruta con la cáscara amarilla y de sabor dulce. Los sinónimos para esta fruta son: banana, banano, cambur, guineo y topocho. En inglés: *banana*. El plátano verde o macho es un fruta con la piel verde y un alto contenido de almidón y azúcar. Cuando se madura, este plátano tiene un color marrón, casi negro, y entonces se le llama un 'plátano maduro'. En inglés: *plantain*.

Repollo   Una planta verde cuyas hojas se agrupan en forma compacta y que varía en cuanto a su color. Puede ser casi blanco, verde o rojo. Sinónimo: col. En inglés: *cabbage*.

Requesón	Un tipo de queso hecho de leche descremada. No es seco y tiene relativamente poca grasa y calorías. Sinónimo: no hay. En inglés: *cottage cheese*.
Romero	Sinónimo: no hay. En inglés: *rosemary*. En latín: *Rosmarinus officinalis*.
Rusco	Sinónimo: no hay. En inglés: *butcher's broom*. En latín: *Ruscus aculeatus*.
Salvia	Sinónimo: no hay. En inglés: *sage*. En latín: *Salvia officinalis*.
Shiitake	Un tipo de champiñón (hongo) japonés. Se consigue en las tiendas de productos naturales. En latín: *Lentinus edodes*.
Siempreviva	Sinónimo: no hay. En inglés: *strawflower, immortelle, everlasting*. Es un aceite derivado de la hierba. Se consigue en las tiendas de productos naturales. En latín: *Helichrysum bracteatum*.
Tempeh	Una torta (vea abajo para la definición de ésta) hecha de frijoles de soya (soja). Tiene un sabor a nuez y a levadura. Es muy común en las dietas asiáticas y vegetarianas. Se puede conseguir en algunos supermercados y en las tiendas de productos naturales.
Tofu	Una comida un poco parecida al queso que se hace la leche de soya cuajada. Es soso pero cuando se cocina junto con otros alimentos, adquiere el sabor de estos. Se puede conseguir en algunos supermercados y en las tiendas de productos naturales.
Toronjil	Sinónimo: melisa. En inglés: *lemon balm*. En latín: *Melisa officinalis*.
Torta	Un postre horneado generalmente preparado con harina, mantequilla, edulcorante y huevos. Sinónimos: bizcocho, cay, cake, panqué, pastel, queque, tarta. En inglés: *cake*.

TIENDAS DE PRODUCTOS NATURALES

A continuación le ofrecemos una lista de tiendas que venden muchos de los productos mencionados en este libro. Abarca tanto los EE.UU. como algunos países de Latinoamérica. Todas estas tiendas tienen por lo menos un empleado que habla español. Si usted no encuentra en esta lista una tienda que le quede cerca, tiene la opción de escribirles a algunas de estas tiendas para que le envíen los productos que desea. Hemos señalado las que envían pedidos internacionalmente con un asterisco ★. Ciertos países tienen restricciones en cuanto a las hierbas que se permiten enviar, y esto es algo que usted debe averiguar antes de hacer pedidos.

ARIZONA

Yerbería San Francisco
6403 N. 59th Avenue
Glendale, AZ 85301

Yerbería San Francisco
5233 S. Central Avenue
Phoenix, AZ 85040

Yerbería San Francisco
961 W. Ray Road
Chandler, AZ 85224

CALIFORNIA

Capitol Drugs, Inc.★
8578 Santa Monica Boulevard
West Hollywood, CA 90069

Buena Salud Centro Naturista
12824 Victory Boulevard
North Hollywood, CA 91606

Cuevas Health Foods
429 S. Atlantic Boulevard
Los Angeles, CA 90022

Centro Naturista Vita Herbs
2119 W. 6th Street
Los Angeles, CA 90022

La Fuente de la Salud
757 S. Fetterly Avenue #204
Los Angeles, CA 90022

La Yerba Buena★
4223 E. Tulare Avenue
Fresno, CA 93702

Consejería de Salud Productos Naturales
2558 Mission Street
San Francisco, CA 94110

Centro Naturista Vida Sana
1403 E. 4th Street
Long Beach, CA 90802

Centro Naturista
7860 Paramount Boulevard
Pico Rivera, CA 90660

Hierbas Naturales★
420 E. 4th Street
Perris, CA 92570

Botánica y Yerbería
2027 Mission Avenue
Oceanside, CA 92054

Vida con Salud★
4348 Florence Avenue
Bell, CA 90201

Fuente de Salud
4441 Lennox Boulevard
Lennox, CA 90304

Franco's Naturista★
14925 S. Vermont Avenue
Gardena, CA 90247

Centro de Nutrición Naturista★
6111 Pacific Boulevard
Suite 201
Huntington Park, CA 90255

Casa Naturista
384 E. Orange Grove Boulevard
Pasadena, CA 91104

Centro de Salud Natural
111 W. Olive Drive #B
San Diego, CA 92173

El Centro Naturista
114 S. D Street
Madera, CA 93638

COLORADO
Tienda Naturista
3158 W. Alameda Avenue
Denver, CO 80219

CONNECTICUT
Centro de Nutrición y Terapias
Naturales
1946 Park Street
Hartford, CT 06105

FLORIDA
Budget Pharmacy★
3001 NW 7th Street
Miami, FL 33125

ILLINOIS
Vida Sana
4045 W. 26th Street
Chicago, IL 60623

Centro Naturista Nature's Herbs
2426 S. Laramie Avenue
Cicero, IL 60804

MARYLAND
Washington Homeopathic
Products
4914 Del Rey Avenue
Bethseda, MD 20814

MASSACHUSETTS
Centro de Nutrición y Terapias★
107 Essex Street
Lawrence, MA 01841

Centro de Nutrición y Terapias★
1789 Washington Street
Boston, MA 02118

NEW JERSEY
Centro Naturista Sisana
28 B Broadway
Passaic, NJ 07055

Revé Health Food Store
839 Elizabeth Avenue
Elizabeth, NJ 07201

Be-Vi Natural Food Center
4005 Bergenline Avenue
Union City, NJ 07087

Centro de Salud Natural
92 Broadway
Newark, NJ 07104

NUEVA YORK
Vida Natural★
79 Clinton Street
New York, NY 10002

PENSILVANIA
Botánica Pititi
242 W. King Street
Lancaster, PA 17603

Botánica San Martín
3244 N. Front Street
Philadelphia, PA 19140

PUERTO RICO
El Lucero de Puerto Rico★
1154 Américo Miranda
San Juan, PR 00921

Natucentro
Av. Dos Palmas 2766
Levittown, PR 00949

Centro Naturista Las Américas★
634 Andalucía
Puerto Nuevo, PR 00920

Natucentro
92 Marginal Residencial Sultana
McKinely 36
Oeste Mayagüez, PR 00680

La Natura Health Food
Carretera 194
Fajardo Gardens
Fajardo, PR 00738

Natucentro
92 Calle Giralda
Marginal Residencial Sultana
Mayagüez, PR 00680

Nutricentro Health Food
965 de Infantería
Lajas, PR 00667

La Natura Health Food
Calle 26 CC 16
Fajado Gardens
Fajado, PR 00738

Natural Center★
Yauco Plaza #30
Yauco, PR 00698

Centro Natural Cayey★
54 Luis Muñoz Rivera
Cayey, PR 00737

TEJAS

Hector's Health Company
4317 N. 10th Street
McAllen, TX 78504

Naturaleza y Nutrición
123 N. Marlborough Avenue
Dallas, TX 75208

Botánica del Barrio
3018 Guadalupe Street
San Antonio, TX 78207

Hierba Salud International
9119 S. Gessner Drive
Houston, TX 77074

La Fe Curio and Herb Shop
1229 S. Staples Street
Hábeas Christi, TX 78404

El Paso Health Food Center
2700 Montana Avenue
El Paso, TX 79903

ÍNDICE DE TÉRMINOS

Las páginas <u>subrayadas</u> indican que el texto aparece en un recuadro. Las páginas *en bastardillas* se refieren a las tablas.